日本思想の論理

伊藤　益　著

北樹出版

目次

日本思想の論理

序　章　問答法と形式論理

1

わたしの数十年来の友人A君は、長女を育てる際、まだ幼かった彼女に対して、「つねに論理的に語れ」と教育してきたそうです。その効果があったのでしょうか、A君の娘さんは「主語」と「述語」の関係がはっきりした、その点に関するかぎり、かなり明瞭な表現をするようになり、やがて西欧中世哲学を研究する、わが国ではいまだ数の少ない哲学徒のひとりに育ちました。彼女は、いわゆる「理屈っぽい」人間となり、近親者のあいだでは、少しばかり煙たがられているようです。A君の教育方針が妥当なものだったのかどうか、少々疑問をいだかざるをえません。しかし、ことここにおよんではいたしかたのないことと、A君もあきらめざるをえないでしょう。

A君の娘さんが主な専攻としているのは、アンセルムスです。アンセルムスはトマス・アクィナスと同様にアリストテレスの論理学に基づいてキリスト教思想を徹底して論理化した、中世哲学を代表する宗教思想家です。アリストテレスの論理学は、「主語」と「述語」の関係を、範疇《カテゴリー》によって明晰にするものですので、幼いころから明晰に語るように厳しくしつけられてきたA君の娘さんにとって、アンセルムスやトマスが展開する論理は、親しみやすいものだったのでしょう。現在イギリスの大学の博士課程で修学中の彼女は、けっして、アンセルムスやトマスの論理に疑念をもったり、それを批判したりしないと思います。ですが、わたしは、四十年以上にわたって、日本の思想や文化、あるいは宗教などについて研究してきた日本哲学者です。そんなわたしには、日本語が「主語」と「述語」の関係を明瞭に表現しつくす言語であると断定するのは、かなりむずかしいことのように思えてなりません。「主語」と「述語」の関係をけっしてあいまいにするな。そう長女に命じていたA君に対して、これまで何の疑義も投げかけずにいながら、いまそのように述べるのは、いささか矛盾していて、無責任のように見えるかもしれません。

言語は、そこに住みつき、それを使う民族の物の考えかた、物の見かたを根柢から規定します。逆にいえば、ある民族の物の考えかた、物の見かたをあらわに表現するものが、その民族の言語だといってもよいでしょう。A君とほぼ同じ時期に子育てをしていたころ、すなわち、三十年ばかり以前のわたしは、日本語にあらわれる日本人の物の考えかた、物の見かたは、欧米諸語と同様に、「主語」と「述語」とをはっきりと区別しつつ両者を関係づけてゆく文脈をもっていいあらわすことが可能だと信じていました。ところが、日本の思想や文化、とくに宗教をより深くとらえてゆくなかで、わたしはそうした確信を失ってしまいました。「述語」なき言語が成り立つはずはありません。たとえば、古典ギリシア語やラテン語は、動詞の変化のなかに「主語」を含んでしまいますが、動詞ぬきに語るということはありえません。日本語も同じです。やはり、動詞が主文脈をなしています。ですが、日本語は、「主語」がなくても十分に意味を成り立たせることができます。否、むしろ、どこまでも可能なかぎり、「主語」を消してゆくのが、日本語の特徴だというべきでしょう。そして、この特徴は、日本語の根柢をなすある思想（哲学）によってもたらされたものと考えられます。では、その思想とはどのようなものなのでしょうか。

2

萬葉の時代、つまり日本語の体系が次第に形成されつつあった時代には、「吾・我（あ、わ）」「吾等・我等（われ）」という一人称の主語が、盛んに使われていました。後期萬葉はともかくとして、初期萬葉に関しては、一人称の主語をもたない文脈を探しだすのは困難だといってもよいでしょう。ところが、一人称の主語を明確に提示する傾向は徐々にかげをひそめはじめ、平安朝の中期以降になるときわめてまれなものになってしまいます。『源氏物語』などの女流文芸作品では、一人称の主語はおろか三人称の主語が提示されることすらまれで、そのことが、現代の読者にとって大きな難関となっているといっても過言ではないと思います。萬葉の後期から平安期にかけては、知識階層を中心に、多くの日本人が仏教を受容してゆく時代です。わたしには、この、仏教の受容ということと、「主語」の消滅ということとのあいだに、密接な関係があるように見うけられます。いささか迂遠で、かつは本章の主題からそれてしまうかもしれませんが、わたしのこの推察の当否をたしかめるために、ここで、釈尊の説いた教え、すなわち仏教とはどのようなものだったのかを探ってみましょう。

釈尊の思想の根幹をなすのは、「苦」の思想です。いっさいの有情《うじょう》、要するに人間の生は、「苦」に貫かれており、この「苦」からいかにして脱するかが、人間にとってもっとも重要な問題だと、釈尊はいうのです。「苦」はまず、「四苦《しく》」としてとらえられます。「生苦《しょうく》」「老苦《ろうく》」「病苦《びょうく》」「死苦《しく》」です。老いること、病むこと、そして死ぬことが苦しみ以外の何ものでもないことは、とりたてて説明するまでもないでしょう。では、「生苦」とは何でしょうか。これについては、現在、二つの説が並び立っているようです。一つは、「生苦」とは生まれることそれ自体の苦であると解するもので、もう一つは、老いること、病むこと、死ぬことがそこから生ずるところの、いわば原点としての生きることを苦と見定めるものです。いずれが正しいのか、安易に判断すべきではないでしょう。やすらぎの母胎を離れ、狭い産道をとおってこの世に生まれでること。それはすでにわたししたちの記憶のかなたのできごととなっていますが、苦しみの一種であることはまちがいないと思います。現実を生きることも、それが老病死の原因だと考えるならば、実につらいことだと申せましょう。たぶん釈尊は、「生苦」に、生まれることと生きることとの二重の意味をこめているものと思われます。そうすると、釈尊は、人間が生まれて生き、そしてやがて老いて身心を病み、死んでゆくこと、つまりは人生の全体を「苦」と見ていることになります。しかも、釈尊のいう「苦」とはそれだけにはとどまりません。それらの「四苦」のうえに、さらに四つの「苦」がある、と釈尊は説きます。人間の苦は、「四苦八苦《しくはっく》」だというのです。

五つめの苦は、「愛別離苦《あいべつりく》」です。これは、どんなにいとおしく想うひとともかならず別れなければならないという苦しみであり、すべての人間を例外なしにおそう激烈な悲苦です。妻子や親、恋人、親友。これらはとても大切なひとびとです。いずれも他のひとびとをもってしては置きかえることのできない、いわゆる「代置不可能」なひとびとです。ところが、それらのひとびとは、確実に死んでゆきます。彼ら、彼女らが死なないとしても、自分がいつかどこかで死んでしまうことは、いかにしても拒むことのできない厳然たる事実です。愛別離苦は、だれもがまぬかれることのできない痛切な苦しみとして、いつもすでにわたしたちに迫りきたるものだといってよいでしょう。

釈尊が言及する六つめの苦は、「怨憎会苦《おんぞうえく》」です。わたしたちが生きている現実世界のなかには、憎い、怨めしいと思う人間が、かならず一人や二人はいるものです。そういうひとびとと会い、ときにはことばを交わし、想いのやりとりをせざるをえない情況に置かれていること。それが怨憎会苦です。憎い人、怨めしく思うひととはできるだけ顔をあわせないようにすればよい、それはけっしてむずかしいことではないはずだ。そう考えると、怨憎会苦は、愛別離苦ほどに切迫した苦しみではないように見えるかもしれません。しかし、会わないように努力してみても、職場や学校などを同じくしているかぎり、その努力が完璧にむくわれることは、ほぼありえないのではないでしょうか。その意味で、怨憎会苦は、避けることのできない大きな苦しみだといえます。

七つめは、「求不得苦《ぐふとくく》」です。文字どおり、求めて得ざる苦しみです。わたしたちは、この世を生きるかぎり、いつも何かを求め、それを得ようとしています。愛がほしい、お金がほしい、名誉がほしいと希《ねが》いながら、わたしたちは生きています。なかには、こうしたものや事《こと》をすべて手にいれて、充足した気分にひたることのできるひとがいるのかもしれません。しかし、大半のひとびとが、求めるもののうちのすべて、ないしは一部を得られず、その、得られないということに大きな不満や苦しさをおぼえているというのが、人生のいつわらざる現実なのではないでしょうか。この求不得苦は、仏教でいう「三毒《さんどく》の煩悩《ぼんのう》」と密接に絡みあっています。貪《とん》・瞋《じん》・痴《ち》という三つの煩悩。それらに引きずられるようにして、求不得苦が生じます。貪とは、むさぼること、瞋とは、怒ること、痴とは、愚かで無知なる情態を、それぞれあらわしています。痴は無明《むみょう》ともよばれます。これらの三つの煩悩のうち、根っことなっているのは痴です。すなわち、ひとは愚かにして無知であるがゆえに、はじめから絶対に手にいれられるはずもないと決まりきっている物や事を追い求めるのです。そして、愚痴ゆえに欲求した物、事を実際には獲得できないことがわかると、激しい怒り（瞋）をおぼえます。怒ることが苦しみであることは、強調するまでもないでしょう。求不得苦は、痴に根ざして貪瞋につながるという意味で、愛別離苦や怨憎会苦にまさるとも劣らない苦しみだと申せましょう。

八つめにあげられるのは、「五蘊盛苦《ごうんじょうく》」です。これは五陰盛苦《ごおんじょうく》ともよばれますが、「蘊」と「陰」とは、ただ新訳と旧訳のちがいであって、意味上は同じです。五蘊盛苦の「五蘊」とは、色・受・想・行・識をさすのだそうですが、わたしにはそれらを明快に説明するだけの識見が欠けています。ただし、身体と心のはたらきとを示していることは明瞭です。したがって、五蘊盛苦とは、身と心のはたらきが盛んになることだと解釈できます。ひとびとは想うことでしょう。身と心のはたらきが盛んになれば、人間の生命が躍動することになる、それは大いにけっこうなことではないか、と。たしかに、盛んなことは衰えることよりはよいことのように見えます。志気盛んな若者たちの集団が、志気に欠ける老人たちの集団よりも、ことをなすにあたって、はるかに有力であることは、否定しようのない事実だと思います。ところが、冷静に考えてみると、身と心とが盛んになることによって、わたしたちにある種のつらさがもたらされることも否めないようです。たとえば、大学で教師の講義を聴いている学生の場合、心のはたらきがあまりに盛んになりすぎると、当面の講義とは関わりのない、あれやこれやの物事に注意が分散してしまい、聴くことに集中できなくなります。講義を的確に受けとれないということは、愚痴（無明）を招くわけで、これはあきらかに苦につながっています。あるいは、身と心とが大いにはたらいて、経済活動に大成功し、大金もちになった場合はどうでしょうか。多額の資産をもてば、何の不安もなくなって、安定した静かな生活をおくれそうに見えます。ところが、人間は貪欲の煩悩をもっていますから、かならず、その多額の資産を守りぬき、あわよくばそれをいっそう大きなものにしようとあがきます。「失いたくない」「もっと増やしたい」という心もちは、そのひとから心の落ち着きを奪います。そこに、静けさを欠いた大きな苦しみが生じます。五蘊盛苦とは、こうした苦しみを、すなわち、盛んであるがゆえに集中力や平静さなどを失う苦を意味すると解することができます。

釈尊は、人間の現実生活がこれらの「四苦八苦」におおわれていると見ました。くりかえし強調しますと、「生」「老」「病」「死」の四苦に、「愛別離苦」「怨憎会苦」「求不得苦」「五蘊盛苦」をくわえたものを「四苦八苦」とよびます。釈尊は、ひとがありきたりで平板な考えかたをするかぎり、人生はどこまでいってもこの「四苦八苦」におおわれつづけるものだ、というのです。もちろん、釈尊は、このままでいいといっているわけではありません。苦に満ちた様相《すがた》を、そのまま現実のやむをえざる在りようとしてみとめてしまう態度は、けっして釈尊の是《ぜ》とするところではありません。釈尊は、わたしたちが「四苦八苦」を乗りこえることを、すなわち「苦からの解脱《げだつ》」を求めます。いかにすれば苦を脱却し、涅槃《ねはん》（さとり）の境地にいたることができるのか。深い智慧《ちえ》に基づいてその方途を探ることこそが、釈尊の教えの根本です。釈尊は、いったいどうすれば苦から解脱することが可能になるというのでしょうか。

3

仏教には「三法印《さんぼういん》」という大原則があります。この大原則を満たすものが真に「仏教」と名ざすことのできる教えであり、これを欠くものは仏教ではない、それは外道《げどう》だというのです。外道とは、仏教以外の他の宗教や道徳の教説という意味で、道から外《はず》れた悪逆無道の人間や教えという意味ではありません。諍《いさか》いを嫌いかつ避ける仏教は、他の宗教思想や道徳思想に対して、けっして排他的な態度を示すものではなかったことに注意しておく必要があります。仏教にいう外道とは、あくまでも「仏教以外の教え」という意味であって、「下劣にして下等なる邪説」などという意味ではないのです。

三法印とは、「諸法無我《しょほうむが》」「諸行無常《しょぎょうむじょう》」「涅槃寂静《ねはんじゃくじょう》」という、三つの主要な概念のことです。仏教史上においては、これらの三つの概念をすべて備えている教説を「仏教」と称し、三つのうちの一つでも欠落させているならば、それは外道であるとされます。本書でのちにくわしく論ずる親鸞《しんらん》の教説も、これらの三つの概念を包摂《ほうせつ》するもので、外見こそ釈尊の仏教とはやや異質に見えるものの、それが「仏教」の枠のなかにおさまることは、否定できない事実だと申せましょう。

「涅槃寂静」とは、日常生活にまつわるさまざまな煩悩を断ちきって、静かなさとりの境地に達することにほかなりません。煩悩を断滅するのはたやすいことではないので、大乗仏教、わけても浄土教では、「煩悩を断ぜずして、涅槃を得る」ことが求められますが、その場合にも、さとりを得ることの大切さが強調されることは、論ずるまでもありません。「諸行無常」とはいっさいの事物は常住ならざるもの、常なきものであるという考えかたです。これは、現世に関して、その実態を鮮明にするものです。わたしたちの身のまわりにある事物は、いまは不変であるように見えても、時を経てかならず滅び去ります。わたしたち自身も、当然ながら不滅ではありえません。この世に生をうければ、おそくとも七十年か八十年のあいだに、かならず滅びます。山、川、海、ひいては地球などの一見永遠であるかのように見える物体・物象も、数十億年単位で考えれば、時を経て変容し、やがてはなくなってしまうといわざるをえません。その意味で諸行無常という考えかたは、この世にあるすべての事物について、その真実の様相《すがた》を告げているといえます。「諸法無我」とは、この世のすべての行為やできごとには、その主体としての「我《が》」などないとする考えかたです。わたしたちは、「我《われ》」が主語となって数々の言明をなし、「我《われ》」が主体となってさまざまな行為を行うと考えています。ところが、仏教では、そのような主語や主体は「無」であると考えるのです。ここでいう「無」あるいは「無我」を、釈尊は「空」とも表現します。「一切皆空《いっさいかいくう》」ということです。要するに、すべての事物は、ことごとく「からっぽ」であって実体がないという意味です。実体がない状態とは「無自性《むじしょう》」、すなわち、それ自体としての本性がないということを意味しています。このようにいわれても、わたしたちはにわかに信じることができないでしょう。この自分がいまここにいて、たとえば頭の痛みに耐えながら仕事をしていること、つまり自分という実体が在ることは厳然たる事実ではないか、とわたしたちは考えるはずです。しかし、釈尊は説きます。自分という実体があると思うのは、いわば迷妄なる錯視《さくし》にすぎない、現世の事物は、「縁《えん》」によってかく在るように見えているだけなのだ、と。縁とは解釈のむずかしい概念ですが、ここではいちおう「関係」の意と見ておきたいと思います。

　たとえば、わたしはいま自宅の勉強部屋の机の前にすわって、原稿用紙のうえにペンをはしらせています。この場合、「まず第一にわたしがいて」という現状把握それ自体が誤りである、と釈尊はいうのです。釈尊によれば、「わたし」なるものは本来「空」であって、ただ他のものとの関係において在るかのように見えるにすぎません。勉強部屋という空間、机、原稿用紙、ペンなどとの関わりのなかで、「わたし」なるものが、いわばかりそめに生起《しょうき》しているだけだということです。勉強部屋や机、原稿用紙やペンなどとの関わりを欠けば、「わたし」などというものは在りえない、逆に、「わたし」との関係を欠いてそれ自体で自存する勉強部屋や机、原稿用紙やペンも在りえない、というのが釈尊の「空」の思想です。

カントは、『純粋理性批判』において、理論理性（純粋理性）による物そのもの、すなわち物自体の認識は不可能であるとする立場を鮮明にしています。釈尊が「空」の思想のもとで「我《が》」というものの無いことを説くとき、その「我《が》」は、カントのいう物自体と同様の意味をもつ存在であったと推定されます。そうすると、釈尊はカントをさかのぼることおよそ二千二百年前に、すでに物自体を人間の認識能力の対象とすることは不可能であるという考えを披瀝していたことになります。より厳密にいえば、釈尊は物自体の認識のみならず、さらに物自体が在ることそのものを否定していたといっても過言ではありません。空の思想においては、たとえば、「親鸞」なる実体、「親鸞」というひとそれ自体などというものは存在しません。「親鸞」は、彼をとりまくもろもろの事物との相関性において、在るように見えるものとして在るにすぎないのです。より具体的にいえば、「親鸞」は法然の弟子として、恵信尼《えしんに》の夫として、性信房《しょうしんぼう》の師匠として、覚信尼《かくしんに》の父親として、つまり「～として」という他者との相関のなかで、その存在が在るかのように見られる人物であって、「親鸞」そのものなどというものは、どこにもいないのです。もとより、「親鸞」以外のひとや物も、それ自体として在るものではありません。それらは、関係のなかの一つの項としてしか存在しえないのです。そうすると、「親鸞」とは、関係の一項、あるいは「関係に関係する関係」（キルケゴール）

であるというしかないことになります。

釈尊の説くように、万事・万象が空であり、それらの基体としての実体が無いとすれば、人間がいだく苦の意識も、それ自体としては意味のないものと考えられます。先にも述べたように、「諸法無我」とは「一切皆空」ということでもありました。ならばすべてが空だとすれば、苦の主体は「無我」ということになります。「無我」が何らかの意識や感情を、自己の外に向けて投射するなどという事態が成立するはずがありません。かくして、人間はいっさいの苦から脱することになります。すなわち、釈尊の空の思想は、わたしたちを苦の世界から解脱《げだつ》させてくれるのです。いいかえれば、わたしたちは、釈尊の教えに基づいて「我《が》」を消す（無にする）ことによって、解脱への道を歩むのだと申せましょう。

いうまでもないことですが、仏教は釈尊の教説そのものを徹底的に継承しつくす形で、後世に伝わっていったわけではありません。釈尊の直接の後継を自任する上座部《じょうざぶ》仏教は、それに対する革新の動きとしての大衆部《だいしゅぶ》仏教を分岐させつつ、いくつもの派閥にわかれてゆきました。上座部仏教と大衆部仏教は、「部派《ぶは》仏教」と総称されます。部派仏教は、僧が修行によってさとりを得ること、すなわち自利《じり》を主眼とするもので、一般人としての衆生《しゅじょう》にさとりの道を歩ませることにはあまり意を用いませんでした。そのため、みずからさとるとともに他の多くのひとびとをもさとらせたいと願う僧たちは、部派仏教を離れて「大乗《だいじょう》仏教」をうちたてました。大乗とは、衆生をつつみこむ「大きな乗り物」という意味です。大乗仏教は、自利を重んじつつも、それと同等あるいはそれ以上に、利他《りた》を重視します。「上に菩提《ぼだい》を求め、下に衆生を化《け》する」こと、つまりは、みずから仏となろうとする心（願作仏心《がんさぶっしん》）と、一般のひとびとをさとりの世界へ渡らせようという心（度衆生心《どしゅじょうしん》）とをあわせもったものが、大乗仏教でした。

西域から中国へ、そして朝鮮半島を経て日本へと伝わったのは大乗仏教です。そこでは、釈尊があまり強調しなかった「慈悲《じひ》の思想」、すなわち、ひとびとに楽を与えて（慈）、彼らの苦をとりのぞこうとする（悲）、「与楽抜苦《よらくばっく》」の思想が高らかにうたわれており、そうした点に留意するならば、大乗仏教は釈尊の教えを精確無比に継承するものではないというべきなのかもしれません。しかし、釈尊がひとびとを苦から脱却する方向へ導こうとしたことは厳然たる事実であり、その教説に「悲」（抜苦）がふくまれていることを否定するわけにはゆきません。部派仏教を奉ずるひとびとのなかには、大乗仏教は真に釈尊が説いた教説ではないという「大乗非仏説」を主張するむきもあったようです。しかし、釈尊の説く空の思想をその根幹に据え、かつは「諸法無我」「諸行無常」「涅槃寂静」の三法印《さんぼういん》をふくみもった大乗仏教が「外道」であるという認識は、すくなくともわたくしども日本人には受けいれがたいものではないでしょうか。

日本の知識階層は、おそくとも八世紀の初頭ころには、大乗仏教を自家薬籠中のものとしていたようです。それは、『萬葉集』の諸相をつぶさに検討することによって明確になることですが（拙著『危機の神話か神話の危機か』、『私釈親鸞』など参照）、このことは、当時の一般民衆がすでに大乗仏教に親しんでいたことを意味するわけではありません。奈良時代には、南都六宗（三論《さんろん》、成実《じょうじつ》、法相《ほっそう》、華厳《けごん》、倶舎《くしゃ》、律《りつ》）が官製教団として確立されておりましたし、平安初期には、天台、真言の二宗が、伝教、弘法二大師によって伝えられていました。南都六宗と天台、真言をあわせて「八宗《はっしゅう》」と申します。「八宗」は、平安朝中期に隆昌《りゅうしょう》をきわめます。ですが、「八宗」に属する僧侶のほとんどが教義学にたずさわる官僧であり、彼らの多くは、民衆への布教活動に対して、ほとんど何の興味も示しませんでした。大乗仏教が一般民衆にまで浸透するのは、法然《ほうねん》が浄土宗《じょうどしゅう》を、栄西《えいさい》が臨済宗《りんざいしゅう》を、道元《どうげん》が曹洞宗《そうとうしゅう》を、親鸞《しんらん》が浄土真宗《じょうどしんしゅう》を、日蓮《にちれん》が日蓮宗《にちれんしゅう》を、一遍《いっぺん》が時宗《じしゅう》を、それぞれあらたにうちたてた時期、すなわち、いわゆる「鎌倉新仏教」の確立期以後のことです。

「我《が》」を消しさる思想、文化は、すでに萬葉の後期から平安中期にかけて、知識階層のあいだに広まりはじめ、やがて平安期以降、鎌倉、室町期には、民衆の広くかつ深く受容するところとなってゆきます。先にも述べたように、平安期の女流文芸は、主語を抹消しようという志向を、如実に示します。のちにくわしく述べる予定ですが、萬葉後期の、「主語―述語」関係をもっとも端的にあらわす語法「〜見ゆ」も、「我《われ》」に対してではなく、不特定な、ある場所《コーラー》に何ものかがおのずからに立ちあらわれるという認識を示しています。さらには、平安期の勅撰和歌集には、主語「我《われ》」を明示する文脈がほとんど見られません。当時の知識人たちは、あえて「我《が》」を消しさることによって、身心を自然《しぜん》（物色《ぶっしょく》）や人間的情況などにゆだねようと意図していたと解しても、あながち誤りとはいえないと思われます。そして、この「我《が》」を消す思想、文化の背景に、大乗仏教の「空」の思想、「諸法無我」という考えかたをみとめるとしても、それはけっして牽強付会なふるまいではないでしょう。

平安末期から鎌倉前期にかけて民衆のあいだに普及した大乗仏教は、室町期以降、「我《が》」を消す思想、文化をきわだたせてゆきます。ここでは、煩瑣にわたるのを避けるために、ほんの二例ほどの事例をあげておきます。たとえば茶道です。方丈の一室で、一軸の掛け物とわずかな花だけを装飾とし、俗界の地位や身分を度外視して黙々と茶を喫することに集中する茶人たちは、すくなくとも茶会のあいだは、「我《が》」を捨てさっていたにちがいありません。茶道は、一杯の喫茶のうちに全世界をこめていたといっても過言ではありますまい。また、たとえば俳諧を例にあげることもできましょう。室町末期以降、連歌、連句の一部として発展してきた俳諧は、松尾芭蕉によって、一句一句がそれぞれに独立する俳句文芸として確立されました。俳句には「我《が》」は登場しません。わずか十七文字のうちに主語「我《われ》」がきわだってしまうと、全体に漂う情調があまりに簡明になりすぎて、作句の意図がいわば単線化してしまうからでもありましょうが、それよりもむしろ、句中の登場人物を消去することによって、叙景そのものが抒情を映し出すという複雑な構造を重んずるがゆえではないかと思われます。芭蕉は、「軽《かろ》み」ということにこだわりました。作句の主体には、からみあい、とらえにくい感情や情念があることでしょう。しかし、「我思《われおも》う」という形でそれをことばにしてしまうと、ともすれば、句全体が重く澱んだものになりがちです。芭蕉はそれを嫌い、詠《よ》まれる内容の佳《よ》い意味での単純化を図ったのではないでしょうか。複雑に入りくんだ「我《われ》」の感情や情念を、あえて「我《われ》」を消しさることをとおしてある種の軽やかさのなかに落としこみ、さらにそこに自然美や人事の機微を盛りこむこと。それこそが、芭蕉のねらいであったといってもよいのではないでしょうか。

このような「我《が》」を消しさる思想、文化。それは、故意に「主語」を消去するという形をとって、日本語の言語構造のなかにくみこまれます。となれば、明確に「主語」を立て、それに対して、例外なしに「述語」を措定《そてい》するという「主語―述語」関係を常時念頭に置きながら、「論理的に語る」ということは、日本語において（日本語のなかで）考えるひとびとにとっては、つまるところ無理なわざだというべきでしょう。まだ幼かったころの娘に対して、「論理的」に語ることを強要したA君の教育方針は、根本のところで誤っていたというほかありません。ここでいう「論理的」の「論理」とは、欧米の思想、文化を貫く論理のことです。それは、いうまでもなく「主語―述語」関係に基礎づけられた論理であり、日本語において物を考えるひとびとにとって、本来疎遠なものでした。A君は自分の娘に対して、この疎遠な論理を押しつけていたことになります。では、そもそも論理とは何でしょうか。欧米人の物の見かたや物の考えかたをあらわす型式《けいしき》が「論理」であるとすれば、それを日本語において思索するひとびとにあてはめることには、当然ながら無理があるといわざるをえないでしょう。日本語において物を見、物を考えるわたしたちには、わたしたちに固有で特有な、独自の論理があるはずです。論理を普遍なるものととらえる現今の識者たちの多くは、欧米の論理をもって日本語に根ざした思想や文化を説明づけることは十分に可能だと考えているように見うけられます。二十年ほど以前にわが国でも流行《はや》った数理論理学は、「数式」という普遍なるものに基づく思想の型式であるがゆえに、一見すると、日本人の物の見かた、物の考えかたにもあてはめることができるように思えます。ですが、数理論理学は、欧米の言語を数式化することによって成った論理学であって、わたしたちがそこにおいて生きている日本語とは、実際にはほとんど無縁のものでしかありません。ある言語にとって無縁な論理を用いて、その言語のなかで思惟するひとびとの物の見かた、物の考えかたの型式を浮き彫りにしようとするのは、まったく無意味な試みだといっても過言ではないでしょう。

日本語において思索し、あるいは詩作するわたしたちの思想、文化、文芸にはどのような論理があるのか。本書の主題は、この問題を筆者独自の視点から問うことにあります。残念なことに、幕末から明治にかけてのいわゆる開化期以前の段階で、この問題が正面から問われたことはありませんでした。この問題が哲学、思想研究の俎上にのせられたのは、一般に日本最初の独自の体系的哲学者と称せられている西田幾多郎《にしだきたろう》の、『善の研究』が公刊されて以後のことだったといってよいでしょう。本書を、日本人に特有な「我《が》」を消す思想、文化、文芸を貫き流れる「論理」を追い求める書とするためには、筆者はまず西田哲学と対《む》きあい、これを批判的に検討しなくてはなりません。その批判的検討は、西田幾多郎の後継者と目《もく》されながらも、西田哲学を徹底的に批判することによって独得の論理をうちたてた田辺元《たなべはじめ》に対しても、差し向けられることになるものと予想されます。しかしながら、その前に、西洋の古代にまでさかのぼって、そこでどのような論理がつむぎだされたのかという点、および、その論理が中世以降の西洋哲学にとってどのような意義をにないえたのかという点を、概論風に探ってみたいと思います。その探究は、論理とはいかなるもので、どこまで人間的現実に即応しうるのかをあきらかにするための一助となるからです。

4

哲学とは、「知」（sophia）を「愛する」（philein）学（philosophia）として、古代ギリシアに誕生したものです。一般には、最初の「哲学者」（philosophos）としてタレスの名があげられます。タレスが万物の根源《アルケー》は水である、と説いたのは周知の事実です。その言説の当否はともかく、万物の根源が水であろうが火であろうが、あるいは無限定《アペイロン》なものであろうが、そのことと人間の現実生活とのあいだには、ほとんど何の関係もありません。タレスの「哲学」が、事物の本質を、すなわち事物の「何であるか」を知ることを欲して問うという意味で、「愛知の学」（philosophia）の形をとっていることは否めません。しかし、それが人間生活と疎遠であること、つまり「人はいかに生きるべきか」を問わない点を見ると、タレスにおいては「哲学」はいまだ「人間の学」としての相貌を示していないと申せましょう。

「人はいかに生きるべきか」という問題意識のもとに、人生の本質に関わる「知」を愛する学、「愛知の学」を切り拓《ひら》いたのは、ソクラテスでした。ソクラテス以前にも、プロタゴラスやゴルギアスなどのソフィストたちが、ポリス（都市国家）においていかに身を立てるべきかという観点から「人間の学」を展開していましたが、彼らソフィストたちがめざしたのは、弁論術《レートリケー》を巧みに駆使して民衆を説得し、ひきつける術《わざ》をポリスの市民たちに伝授することでした。人間が日常生活を生きるうえでの「善さ」を追求する姿勢は、彼らの与《あず》かり知らぬところであったといっても過言ではないでしょう。これに対してソクラテスが愛し求めたものは、「人間はいかにして善く生きることができるか」という問いに対する答えでした。「善」や「正義」に関して、その本質を追究する道が「哲学」であることは、今日にいたっても、洋の東西を問わず自明であると申せましょう。その意味で、俗世の名聞利養《みょうもんりよう》をめがけて損得を功利主義のもとに判断してゆくソフィストたちが、「哲学」をしていたと認定することには無理があります。やはり、「最初の哲学者」はソクラテスにほかならなかったというべきでしょう。ソクラテスは、紀元前三九九年、七十歳のときに、アテナイの法廷に訴えられ、死刑の判決を受けて処刑されています。したがって、現在わたくしどもが考える意味での「哲学」は、ソクラテスの活動期、すなわち紀元前五世紀の半ばころの古代ギリシアにおいてめばえ、その後連綿と西洋世界に引き継がれていまにいたるといえます。

昨今のわが国では、哲学は、「西洋哲学」「インド哲学」「中国哲学」などに分けられております。大学によっては「イスラム哲学」や「日本哲学」を有する組織もあり、哲学は次第に細分化されていく傾向にあるようです。しかし、インドはともかくとして、中国やイスラム、そして日本に、はたして伝統的な哲学などというものがあるのでしょうか。哲学は理性《ロゴス》の学です。理性とは、AならばB、BならばC、CならばDと、順を追って脈絡ある推論をくりひろげてゆく能力のことです。推論のうえでの脈絡とは、論理を意味しています。したがって、哲学は論理によって下支えされ、系統づけられていなければなりません。中国やイスラム、そして日本などの思想には論理などないと断言するつもりはありません。これらの国々や地域では、それなりの「思想の論脈」というもの、いいかえれば、物を考えるための精神の型、あるいは思索の筋道とでもよぶべきものが、しっかりと確立されていたというべきでしょう。ところが、これらの国々や地域では、そうした「型」や「筋道」を体系として整理する学問、すなわち論理学が成立しませんでした。論理学に裏づけられ下支えされていない思索は、「思想」ではありえても、厳密には「哲学」となることができません。ありていにいえば、哲学とは、論理学に貫かれながら、認識論や倫理思想（道徳論）、宗教論などを展開してゆく学問です。西洋思想は、ソクラテス以来の伝統のなかで、一貫して論理によって支えられていました。したがって、西洋思想は、その内実においても外貌の面でも、「哲学」以外の何ものでもない、と申せましょう。インド思想に関しては、議論がわかれるかもしれませんが、「因《いん》明《みょう》」と名ざされる一種の論理学を含みもつ点において、これを「哲学」と称することは、あながち無理ではないように見うけられます。

それでは、西洋哲学の元祖ソクラテスの論理学とはどのようなものだったのでしょうか。この問いに答えるのは、一見簡単なことにように見えます。ソクラテスは、一問一答方式の「問答法」による対話を重視しており、その対話が一定の成果をみのらせることをもって、これを産婆術と称していたという哲学史の常識を語れば、それでことはすむように思われるからです。このような、哲学史に基づく一般的な理解が、大きく的をはずしているとはいえません。しかしながら、これを絶対に正しいと証明する文献上の根拠は、どこにも見あたりません。と申しますのは、ソクラテスはいっさい著述を遺《のこ》しておらず、ソクラテス自身の言説を根拠にして、ソクラテスがそれに基づいて思索した論理を浮き彫りにすることは不可能だからです。ソクラテスの論理はどのようなものだったのか、それをあきらかにするには、プラトンの対話篇に依拠せざるをえません。現在の通説では、プラトンの初期対話篇、たとえば『ソクラテスの弁明』『クリトン』などは、プラトンが師ソクラテスの言説を忠実に再現したものであり、中期対話篇、すなわち『パイドン』や『国家』などは、プラトンがソクラテスの問題意識を受《う》け継《つ》ぎながら自説を披瀝《ひれき》したものと考えられています。そして、『パルメニデス』『ティマイオス』などの後期対話篇は、ソクラテスを離れ、プラトンが独自の問題意識に立って独得の思想を展開したものといわれています。これによれば、初期ないし中期の対話篇を熟読すれば、筆者プラトンをさかのぼって、ソクラテスの思想とその方法や論理があきらかになると、いちおうは考えられます。しかし、中期対話篇の問題意識がかりにソクラテスに由来するとしても、それについての思索がプラトン自身のものであるならば、そこからなまのソクラテス像をひきだすことには、やや難があるといわざるをえません。また、初期対話篇がいかに忠実かつ細密に師ソクラテスの思想を描ききっているとしても、そこに師説の取捨選択に関するプラトン自身の嗜好がまったく関係していないと断定することは、おそらく不可能でしょう。

　師説の忠実にして精緻な祖述ということについては、わが国に典型的な例があります。親鸞のことばを如実に反映する書として、『教行信証《きょうぎょうしんしょう》』などの親鸞自身の著作と同等もしくはそれら以上に重要視されている『歎異抄《たんにしょう》』です。『歎異抄』の著者をめぐっては、親鸞嫡系の孫如信《にょしん》とする説と、親鸞最晩年の弟子、水戸の河和田《かわだ》の唯円《ゆいえん》とする説の二説があり、現在の研究者のあいだでは、後者、唯円説が有力ではあるものの、前者、如信説も完全に捨てさられていないというのが現状です（拙著『私釈親鸞』参照）。それゆえ、ここでは、著者について「歎異抄の著者」とのみ記しておくことにします。さて『歎異抄』の著者は、親鸞の言説を、そこにいっさいの自説を加味することなく、純粋に祖述している、と断定することができるのでしょうか。『歎異抄』とは、読んで字のごとく、親鸞示寂後に乱れ飛んだ異義・異説を歎き、それらの非をただすことを主眼とする書で、全十八条のうち、第十一条以下は、この著の主旨を如実に反映するものです。これらの八条は、『歎異抄』の著者の考えるところを述べるもので、叙述の背景には親鸞とその思想が存在するとしても、その文責は、あくまでも著者に帰するべきものです。けれども、著者は、第一条から第十条までは、親鸞自身の言説をなまのままに伝える「大切の証文ども」であると述べています。わたくしどもは、『歎異抄』の著者のこの主張を、何の疑いもなく信じきってよいのでしょうか。わたしは、信じきることには無理があると思います。『教行信証』や消息文などと照合するに、第一～第十条は、親鸞思想から大きく逸脱するものではないことは、たしかなようです。ですが、この第一～第十条は、親鸞の消息文とあまりにもかけ離れた文体で記されています。第一～第十条の寸鉄人を刺すともいうべき、簡潔にして要を得た文体は、くりかえしが多くいささか冗漫な印象さえうける親鸞自身の消息文にくらべて、あまりにもうますぎるのです。第一～第十条は、『歎異抄』の著者の、いわば、「思考の枠組み《フィルター》」をとおしてとらえられた親鸞の言説を伝えるもので、そこからなまのままの親鸞像を見とってしまうような研究態度は、すくなからぬ危険をともなうというべきでしょう。

　プラトンの初期対話篇に関しても、同様のことがいえます。そこに描かれたソクラテスの言説・思想は、プラトンの「思考の枠組み《フィルター》」越しにとらえられたものであって、「ソクラテスそのもの」

をあぶりだしているわけではないのです。哲学するソクラテスを支えてたつ論理は、先に述べたように、一問一答方式の問答法でした。アテナイの広場《アゴラ》で、ソクラテスは、実地に問答法による議論を行っていたことでしょう。問答法をみずからの哲学の方法ないし論理となすという意識を、ソクラテスがもっていなかったなどということは、とうていありえないことです。しかし、その方法ないし論理を、方法論・論理学にまで高めることは、自己の無知を自覚するがゆえに、あくまでもひとりの市井《しせい》の人間にとどまろうとしたソクラテスの与《あずか》り知るところではなかったものと思われます。ソクラテスの問答法は、アカデメイアの創設者であり専門的な哲学者となったプラトンによって、「論」あるいは「学」としての相貌を与えられたのではなかったかと考えられます。したがって、古代ギリシアの哲学を貫く方法論・論理学としての問答法について、その内実を知りたいと欲するならば、わたくしどもはソクラテスよりもむしろプラトンの言説に耳を傾けなければなりません。

5

プラトンがその師ソクラテスに仮託して、実際の展開のしかたを示した問答法は、先にも述べたように、一問一答方式を旨《むね》とするものでした。問者（多くの場合ソクラテス）ができるだけ短い問いを発し、答者（ソクラテスの主たる対話相手——対話篇の表題となることが多い）が可能なかぎり端的に答えるという対話方法です。これは、ソフィストたちが自家薬籠中のものとしていた弁論術《レートリケー》を強く意識しつつ、それに対抗するために構築された技術《テクネー》です。弁論術とは、説得の術たることをその本質としており、ときには壮麗な、そしてときには荘重な言辞を並べ、美しい修辞によって聴衆の心を魅了して、彼らの思念や感情を、話者が希《のぞ》む方向へと導いてゆくものです。これは、民会における多数派工作が政治の要諦となるアテナイのような民主的都市国家において、成年市民が体得していなければならない必須の術でした。事情はヘレニズム期以降の共和制ローマでも同様だったらしく、たとえば、キケロやセネカのような、武力を背景としない知的な弁論家たちが、元老院などの政治の中枢で活躍しています。ギリシア哲学への敬仰の想いを強くいだき、プラトンのローマにおける後継者たらんとしたキケロが、弁論術を生業《なりわい》とする立場（弁護士）に立っていたことは、いってみれば歴史の皮肉《アイロニー》というべきかもしれません。

プラトンは、この弁論術に対して大きな不満をもっていました。説得の術たる弁論術は、聴衆の感情に強く訴える力を有する点において、たしかにすぐれた言論の術ではあるけれども、けっして聴衆の思索を深めることがなかったからです。延々とつづく壮麗にして荘重な弁論は、民衆の心をとらえて離さず、場合によっては、彼らを恍惚の境へと導いたことでしょう。しかし、それは、聴衆がみずから考えることを妨げてしまいかねないという、大きな短所をかかえもっていました。プラトンはこの短所に気づき、それゆえ、弁論術は「愛知の学」（philosophia）たる哲学の論理にはなりえないと判断したのです。プラトンの見るところによれば、哲学の方法・論理としてもっとも大切なものは、一問一答方式の問答法でした。何かある命題をめぐって、問者が問いを発するとき、答者はその問いについて、あれこれと考えをめぐらせて何らかの答えを得ます。その答えが問者によって破られた場合には、答者はさらなる思索をくりひろげなくてはなりません。そのさらなる思索によって導かれた回答が、またしても問者の問いをとおして妥当ではないことをあらわにされるとき、答者はなおまたもう一度考えなおすことを余儀なくされます。考えなければならないのは、答者ばかりではありません。すぐれた問いがすばらしい答えを導き、愚劣な問いが生半可《なまはんか》な答えにつながるという、いわば対話の鉄則を理解しているならば、問者は問いをよくよく吟味し、無駄のない洗練された、しかも簡潔な問いとして差しださなければなりません。これは、答者の思索にまさるとも劣らぬほどに苦しい営みであり、問者と答者が苦しみに満ちたこの営みをどこまでも継続することによって、はじめて何らかの最終的な結論が見いだされます。プラトンによれば、これこそが問答法です。問答法は、まさに「知」を「愛」し求めて考えつづける精神上の行為としての哲学の方法であり、論理にほかならないと申せましょう。けれども問答法が外面での他人の存在を想定する対話法にとどまるかぎり、それは、哲学の方法ないし論理として、いまだ不十分なものというしかありません。その場合、ひとりで考えるということ、内面での思索ということはどうなるのか、という疑問が生じるからです。

プラトンは、わたくしどもが想像するよりもはるかに周到な哲学者でした。彼は、この疑問に対する回答をちゃんと用意していたのです。プラトンは、人間が思考・思索するということを、「内面の対話・問答」ととらえます。ソクラテスが広場《アゴラ》で実践していたのと同様の問答法が、わたしたちの精神の内部でも行われているというのです。すなわち、プラトンは、考えるということを内面での対話ととらえます。わたしたちは、うっかりすると、思考を内面での独白として、一方向への単線と見なしてしまいがちです。けれども、そうした単線の思考は、厳密にいえば考える営みの本質からずれる、とプラトンはいうのです。プラトンによれば、わたしたちは人生の根幹に関わるむずかしい問題にであったとき、まずは、「これはこういうことではないか」という問いを発します。わたしたちは、さしあたって、問者の立場に立つということです。問者の問者たるゆえんは、答者に対面するということにあります。したがって、わたしたちの内面では、まず問者たる「自己」が問いを立て、それに対して、答者たる「もう一人の自己」が何らかの答えをかえすということになります。答者たる「もう一人の自己」が、問者たる「自己」に対して、安易に「そのとおりだ」と同意してしまったのでは、考えるという営みは成立しません。考えるに際しては、かならず、「もう一人の自己」が、「いや、そうではあるまい。それはむしろこういうことではないのか」と返答することになるでしょう。この場合、答えは問いをはらんでいます。ですから、答えを受けとる「自己」は、みずからの問いを慎重に吟味しつつ、同時に「もう一人の自己」からの問い立てに対するさらなる答えを用意しなくてはなりません。かくして、思考・思索は、最終的な結論に達するまで、どこまでもつづく、「自己」（問者）と「もう一人の自己」（答者）との対話、という性格をもつことになります。プラトンは、この性格こそが、考えることの実態を如実にあらわしていると見たのです。それゆえにこそ、プラトンにおいては、思考・思索とは精神の内部での問答もしくは対話にほかならないということになります。

身体上具体的に他者に対《む》きあって実践される問答法も、あるいは内面の対話としての問答法も、いずれも、「肯定→否定→否定かつ肯定……」すなわち、「定立→反定立→総合……」という道筋をあらわに示しています。これは、同一律に基づく言明とはあきらかに質を異にする思考法すなわち論理であり、肯定・定立の連続ともいうべき弁論術には認められない、「否定の論理」を如実に示しております。否、「否定の論理」とのみ規定するのは、精確を欠くように見えます。それは、より厳密には、「否定による肯定の論理」というべきでしょう。これは、もはや同一性論理ではありえません。同一性論理とは、「AはAである」とし、あくまでも「A」を肯定し定立しつづける論理です。弁論術は、こうした同一性論理によって支えられた言論の術にほかならない、といってよいと思われます。これに対して、プラトンの問答法は、「AはAである、しかしAは非Aである。ゆえに、Aは非Aであると同時にAでもありうる」と説くもので、古代の思想界には他に類例を見ない、きわめて特殊な論理であると申せましょう。そして、この特殊な論理は、ヘーゲルの『精神現象学』を機として、近代において盛んになった、いわゆる「弁証法」（Dialektik）に近似しているといっても、けっして過言ではないと思います。とすれば、弁証法はヘーゲルの独創というよりも、プラトンの問答法に、ヘーゲルがあらたな近代的よそおいを与えたものととらえることが可能になってまいります。弁証法の淵源《えんげん》はプラトンにある。そういったとしても、けっして失当ではないと思われます。

次章以下でくわしく述べるように、田辺元《たなべはじめ》は、「定立→反定立→総合」の過程が絶対無に媒介されつつどこまでも果てしれずうちつづく弁証法こそが真の弁証法であると主張し、ヘーゲルの観念弁証法やマルクスの唯物弁証法と区別して、これを「絶対弁証法」と称して、独自の弁証法理論をうちたてた、わが国の近代を代表する哲学者です。その田辺によれば、弁証法の始源はプラトンの後期対話篇『パルメニデス』に求められるとのことです（「哲学と詩と宗教」「生の存在学か死の弁証法か」など）。『パルメニデス』は、少壮の哲学徒ソクラテスが大哲学者パルメニデスの教えを仰ぐという体裁をとる対話篇で、その型式からしてすでに初期・中期の対話篇とは異質な相貌を示しています。それ以前に物された対話篇とはちがって、何ら明確な結論をもたないこと、あるいは、ソクラテスがパルメニデスの教えを乞うという事態が史実としてありえたのかどうかといった点で、多くの問題をかかえこんだ『パルメニデス』ですが、そこに近代的とも称すべき弁証法の萌芽がみとめられることはたしかです。

田辺が指摘するように、この対話篇において、パルメニデスは、思惟と存在との一致ということを説いています。通常わたくしどもが考えるところによれば、思惟は思惟としてそれ自体で独立に成り立つもので、また、存在とは思惟されるか否かを問わず、独自に在るものです。哲学史上、思惟と存在とを無媒介に一致させることは、誤りとされることが多かったように見うけられます。たとえば、アンセルムスの本体論的な神の存在証明を、カントは思惟されるものの実在を無媒介に主張するものとして、徹底的に批判しています（『純粋理性批判』）。アンセルムスは、完全なる思惟というべき神の思惟のうちには「在る」ということが含まれている、もし神が存在することがないとすれば、それは神（思惟）の完全性ということに抵触する事態とせざるをえない、よって神は存在する、と主張します。しかし、カントは、神の存在についての思惟と神の存在とは同義ではありえない、と説きます。たしかに、だれかが思惟によってひとりの理想的な美女を想い描いたとしても、それは、その美女が現実に存在することを意味しているわけではありません。カントのアンセルムス批判は、いたって妥当なもののように見えます。しかしながら、思惟はそれ自体としては存在と結びつかないとしても、その結びつかないという「否定」をかいくぐって、つまりいったんその妥当性をくずされることをとおして、やがては存在と一致するという事態も、絶対に起こりえないとはいえません。たとえば、いまわたしが、双峰として富士山を思惟したとしましょう。同一性論理のもとでその思惟の意味を探るならば、わたしは誤りを犯していることになります。けれども、わたしがその思惟を、すくなくとも部分的に否定して、つぎに単独峰としての富士山を思惟したとすれば、この場合、思惟は存在と一致しうることになります。もちろん、富士山の存在とその在りようを現実に検証する手続きは欠かせませんが、ともあれ、否定を媒介することによって、思惟が同時に存在でもありうる道がひらかれます。『パルメニデス』篇のプラトンは、ここにパルメニデスの主張が正当なものとなりうる可能性を見いだしたのではないでしょうか。このように、思惟と存在の一致を説く際には、それを説く論理が「肯定↓否定↓総合……」という構造をとることが求められます。そこには、あきらかに弁証法論理をみとめることができます。かくして、『パルメニデス』のなかに弁証法論理が展開されているという田辺の解釈は、妥当なものと考えられます。しかしながら、プラトンの対話篇『パルメニデス』から歴史上の人物としてのパルメニデスをひきだし、彼に弁証法的思考の始源を求めたうえで、同対話篇の著者としてのプラトンをその後継者と見なす田辺の見解には、やや問題があると思われます。これまでに考察してきたように、プラトンは、初期ないし中期の対話篇で、すでに哲学の論理としての問答法を確立しており、この問答法こそ弁証法にほかならないと考えられるからです。しかし、田辺のプラトン解釈には少々難があるものの、彼の主張するように、後期対話篇で示される哲学の方法・論理としての弁証法が、初期ないし中期のそれをよりいっそうとぎすましたものであることは、たしかなことであろうと思われます。

プラトンは、このように、哲学の方法・論理としての弁証法を確立しました。次章以下でくわしく述べるように、弁証法とは、矛盾に満ちた現実、AがAであると同時に非Aでもありえ、非AがAをつつみこみつつ非AかつAを成り立たせるような現実を鋭利にくみつくす論理でした。もとより、弁証法を楯《たて》にして自己の矛盾を糊塗《こと》し、ありとあらゆるでたらめな言動が許されると主張するような、放逸無慚《ほういつむざん》な弁証法論者を、プラトンが認めるはずがありません。プラトンにとって、そのような、世俗のご都合主義者とでもよぶべき似而非《えせ》弁証法論者は、善を無《な》みし正義にもとる者として斥けられるべきだったと考えられます。近来は、哲学が現実から遊離し、一般のひとびとには理解の端緒すら得られない最先端の生命科学や数理論をめぐって思弁を展開する傾向がめだちます。しかし、ソクラテスによってはじめられた哲学の本来の姿は、そういうものではなかったはずです。人間は現実生活のなかでいかに生きれば善に近づくことができるのか、つまりほんとうの意味で幸福に生きるにはいかにふるまえばよいのかを、日常のことばを用いてあきらかにしてゆくことこそが、哲学の主たる課題であったのではないでしょうか。そういう意味で、哲学とは、現実に密接に関わる営みにほかならないと申せましょう。とするならば、現実をあますところなくくみつくす日常の論理としてのプラトンの弁証法（問答法）は、歴史上、一貫して哲学の中核を占めるものでありつづけたはずです。しかしながら、プラトン以後の哲学は、ほぼ二千年の長きにわたって、弁証法から距離を置くことになってしまいました。そのため、プラトンの没後三百年ころに生まれ、その後西洋の中心思想の座を占めるにいたったキリスト教は、近代になるまで、ついにみずからを的確に説明づける独自の論理を有しえず、その教義は、いわば現実を離れ宙に浮いた思弁を展開するにとどまってしまいました。その現実離れは、いったいどのようにして起こったのか。本章では最後に、この問題を考えるための前提として、アリストテレスの哲学、わけてもその論理学を考察してみたいと思います。

6

ソクラテスにはじまりプラトンによって継承された哲学は、プラトンの学園アカデメイアで学んだアリストテレスに引き継がれてゆきます。ただし、学の継承ということは、一方で忠実な祖述を心がけながらも、他方では師説を批判的に検証することをとおして成り立つ場合が多々あるようです。たとえば、法然の忠実な継承者をもって自他ともに任ずる親鸞は、師説をあからさまに批判したわけではありませんが、「念仏を先（本）とする」という法然の教えを継承しながらも、そこに「信心を本とする」という考えかたを加味しています。あるいは、田辺元は、恩師西田幾多郎から「絶対無」や「逆対応」などの主要な概念を借りうけながら、西田哲学を「寂静主義」として批判し、これにみずからの「実践論」を対置しています。アリストテレスも同様です。彼は、「徳」「正義」「善」などに関するプラトンの思索を受け継ぐ一方で、イデア論を観念論として批判し、経験論に基づく独自の思索を展開しました。その際、アリストテレスは、プラトン哲学の中核をなす問答法、すなわち弁証法を、経験上から見て現実にそぐわない論理ととらえてこれをしりぞけ、これにいわゆる「形式論理学」を代置しました。先にプラトンの論理、すなわち弁証法は、矛盾に満ちた現実をくみつくす論理であると語ったわたしにとって、アリストテレスのプラトン批判には納得できない点があまたあります。けれども、アリストテレスの「形式論理学」が、当時の考えかたを如実に反映するものであることは、否定できないと思います。「形式論理学」という呼称は、内実をともなわない形ばかりの論理学という否定的《ネガティヴ》な評価に基づくもので、近代の哲学者たちの認識に依拠しています。けれども、古代ギリシアの市民たちにとって、「形式論理学」は、けっして形式にのみとどまるものではなく、むしろ実質的な内実をくっきりとさし示すものだったのです。したがって、アリストテレスの論理学を「形式論理学」と名ざすことは、精神史の内質を見誤ることにつながりかねません。わたしたちは、すくなくともいまの段階では、「形式論理学」という呼称を、できるだけ避けるべきでしょう。それゆえ、本章においては、「形式論理学」に代えて、以下、「アリストテレス論理学」という呼称を用いることにいたします。

アリストテレスが弁証法を哲学の論理とするプラトンの考えをしりぞけて、独自に「アリストテレス論理学」をうちたてるにいたったのは、もちろん、明確な哲学的理由があってのことです。その、哲学的理由とはいかなるものなのか。「アリストテレス論理学」についての的確な理解は、この問題に答えることによってはじめて可能になります。そのためには、まず、いささか煩瑣にはなりますが、プラトンのイデア論とはどのようなものだったかをあきらかにしておく必要がありま す。そして、さらに、そのイデア論をアリストテレスがいかなる形で批判してゆくのかという点を究明しなければなりません。プラトン研究やアリストテレス研究を専門とする研究者のかたがたが、現在どのような解釈をしておられるのかは知りません。けれども、すくなくともわたしには、「アリストテレス論理学」は、プラトンのイデア論を批判する文脈のなかで生みだされ、そこにおいて彫琢されてきたもののように見えるからです。

プラトンは中期から後期にかけての対話篇のなかで、イデア論を展開します。当初プラトンは、「分有説」をとっていたようです。たとえば、不等辺三角形や二等辺三角形、正三角形など、三角形は無数に存在するわけですが、それぞれ形がちがうにもかかわらず、いずれも三角形であることがわかるのは、それらが三角形そのものという、いわば三角形の理念的範型ともいうべき、「三角形のイデア」を分有しているからだ、と考えるのです。イデアは現実世界の個物に対応して無数に存在するわけですが、ではイデアは無秩序にばらばらに在るのかというと、そうではありません。すべてのイデアが一点に集約され、統合されるというのが、プラトンの考えです。彼は、その、他のイデア群を集約し統合するイデアを、イデアのなかのイデアととらえ、かつはそれを「善のイデア」とよびます。かくて、現実の個物の群れは、つまるところ、善のイデアを分有することによって、いまここに在るということになります。古代ギリシアでは、善なるものは美しいものであるとともに、真なるものでもあると見なされていました。つまり、古代ギリシア人の考えでは、「真＝善＝美」という等式が先験的《ア・プリオリ》に成り立っていたのです。プラトンもまた、この等式を念頭に置いて思索しています。したがって、プラトンのいう「善のイデア」とは、「美のイデア」でもあると同時に、「真のイデア」でもあったことになります。現実世界に存在する個々の美しい物、正しい（真なる）物は、「美のイデア」や「真のイデア」を、ひいては「善のイデア」を分有することによってかく在るということです。一見するだけですでにあきらかなことですが、プラトンは、二世界説、つまりイデアの世界と現実の個物の世界とを二分してとらえる世界観に立っています。『パイドロス』が説く、魂の天空（イデア界）への飛翔という物語は、こうした二世界説を如実に反映していると申せましょう。ただし、この二世界説においては、イデア界と現実界（個物の世界）とが同等に並ぶとされているわけではありません。『国家』で説かれる、あの有名な「洞窟の比喩」からもあきらかなように、プラトンにとって現実界は真実から遠ざかった仮象の世界、劣悪な世界です。真実はイデア界にのみあります。イデア界は現実界よりも価値に関してはるかにすぐれた世界であり、それゆえ、現実界に先立って在る、というのがプラトンの考えであったことは、まちがいないと思われます。

　そうすると、ここに奇怪な事態が生じます。現実界の個物は、それぞれがイデアを分有することによって存在します。だとすれば、イデアを分有する個物が、イデアに先立ってまず現実のなかに場を占めて在らなければならないことになります。本性上先立つはずのすぐれた世界たるイデア界が、劣悪なる現実界に後位することになってしまうのです。アリストテレスは、この、いわば一種の論理的矛盾のうちに、プラトンのイデア論の限界を見ました。そして、アリストテレスは、二世界説を導きだす観念論に難点があるという見解に達し、観念論をしりぞけて経験論に立つことが、哲学の立場としては不可欠であり不可避であることを強調します。アリストテレスは説きます。かりに個物がイデアを分有することによって個物たりうるとしても、分有される当のイデアは、さらにその上位にあるイデアを分有しなければならず、そしてまた、イデアのイデアは、イデアのイデアのイデアを分有するから、かくてイデア論は無限遡行におちいる、と。世界（宇宙）を完結した球体ととらえるアリストテレスにとって、「無限」という事態は起こりえないことです。したがって、アリストテレスによれば、プラトンのイデア論は、どうにもならない欠陥をかかえこんでいることになります。この欠陥は、プラトンが個物によるイデアの分有という、分有説に立つかぎり、いかにしても避けることができないように見うけられます。アリストテレスのイデア論批判は、いたって妥当なもののようです。

しかしながら、アリストテレスの批判をまつまでもなく、実は、ほかならぬプラトン自身が、すでに自説の難点に気づいていました。このことは、「分有《メテケイン》」という語の対話篇における分布状況を探ることによってあきらかになります（以下、藤澤令夫『イデアと世界』参照）。プラトンは、中期対話篇のなかで、「分有」という語を盛んに用いています。ところがイデア論がいっそう精緻に吟味される後期対話篇になると、「分有」という語はほとんど使われなくなります。それにかわるかのようにして登場するのが、「あらわれる」「現象する」という語です。こうした、語の使用頻度の大きな変化は、プラトンのイデア論のなかで何かが変わったことをあらわしています。いったい何が変わったのでしょうか。古代ギリシア哲学を専門的に研究しているわけではないわたしには、厳密な実証を行うことができません。ですが、『ティマイオス』などの後期対話篇で、「場所《コーラー》」という語が多用されている事実が、あることを示唆していると思います。プラトンにとって「場所」とは、そこにおいて個物が生成する地平のことです。とすると、分有説に固執するかぎり、「場所」において個物がイデアを受けとるということになりそうです。しかし、このように説いてしまうと、イデア論は相変わらず難点をかかえこんだままで、それを克服することができません。その場合には、プラトンがなぜわざわざ「場所」という概念をもちだしたのか、その意図が不明になります。次章でくわしく説くように、西田幾多郎は、「場所」と題する論文のなかで、「一般者」がそこに立ちあらわれる地平として、「無」の場所というものを考えました。西田が、プラトンの場所《コーラー》を明瞭に意識していたかどうかはわかりません。ですが、プラトンのいう場所《コーラー》が、西田のそれと同様に、無もしくは「絶対無」の場所をさしていたとすれば、イデア論にあらたな側面がひらかれてきます。すなわち、プラトンは、いまだ個物が定位される以前の、いっさいの事物が非在（無）の地平を場所ととらえ、そこに何かが「あらわれる」「現象する」と考えたのではなかったか、と推察されます。「あらわれる」もの、「現象する」ものが個物だとすると、わざわざ場所を設定する意味が消え失せ、「場所」論は事態をいたずらに複雑化するだけの煩瑣学と化してしまいます。明晰な思索を旨《むね》とするプラトンが、そのことに気づかなかったとは、およそ想像しにくいことです。プラトンは、非在（無）の場所に、個物ではなく、イデアがあらわれる（現象する）と考えたのではないでしょうか。すなわち、イデアが非在（無）の場所に立ちあらわれることによって、はじめてそこに個物が生起する。イデアがまず先にあって、それが場所に現象することをとおして、あくまでも二次的に（イデアに後位して）個物が成り立つ。プラトンは、そのように考えることをもって、中期対話篇がかかえもつ難点をみごとに克服したのだ、と思われます。かくして、イデア論は矛盾をまぬかれ、よりいっそう透徹したものとなります。

ただし、無の場所にイデアが現象することによって有《ゆう》たる個物が生成されるというイデア論は、弁証法論理に基づいていると考えられます。そこには、無において有が生ずるという、常識的には矛盾としかいえない事態が起こっているからです。しかも、もしイデアが有ではなく無であるとするならば、無が無のただなかに立ちあらわれて、そこに有が生じたということになります。これはもはや、人間の日常的経験にのみ根ざした常識の論理では理解不能なことがらだと申せましょう。

これを人間の理解の範囲内におさめいれることができるのは、ただ弁証法論理のみです。アリストテレスは、プラトンのイデア論の展開過程をつぶさに追っていたことでしょう。プラトンが「分有説」を捨てて「場所の論理」に移ったことを、アリストテレスは、はっきりと見ぬいていたはずです。しかし、観念よりも経験を重んじるアリストテレスは有と無の相即転換を主張する、プラトンのイデア論の達成態を、どうしても認めることができませんでした。イデア論を導きかつそれを支える弁証法論理は、現実世界の経験則を逸脱するがゆえに、けっして容認することはできない。アリストテレスはそう考えました。彼の目から見れば、同一律、矛盾律に反するがゆえに、師説はいかにしても廃棄されるべきものでしかありませんでした。彼は、プラトンの観念実在論を離れ、いわば経験実在論に即して、自身の哲学の方法を、すなわち、「アリストテレス論理学」を構築してゆきます。

7

アリストテレスが自己の論理学の基底に置くものは、「SはPである」（S ist P.）という言明（命題）です。これは、存在者（在るもの）に関する述定《じゅってい》の普遍的形式ともいうべきものです。そして、この普遍的形式は、以下のような十個の範疇《はんちゅう》によって、その姿をあらわにします（『範疇論《カテーゴリアエ》』）。

①実体　②量　③質　④関係　⑤場所　⑥時　⑦体位
⑧所持　⑨能動　⑩所動

①実体と、②量から⑩所動までの九個の範疇とは、截然《せつぜん》と区別されなければなりません。というのも、①実体は、それ自体としては他のいかなるものの述語ともならない純然たる主語であり、②量から⑩所動までは述語にほかならないからです。②量から⑩所動までの九個の範疇は、①実体がそれらをとおしてみずからの何であるかを示すところの、いわば認識の枠組みです。「SはPである」（S ist P.）といわれるときの「S」が①実体であり、②量から⑩所動までが「P」に該当するといってもよいでしょう。①実体が何であるかを知ろうとするとき、わたしたちは、②量から⑩所動までの九個の範疇を枠組みとして措定《そてい》し、それをとおして①実体を見つめます。すると①実体は、それらの枠組みをとおして、わたしたちの面前に立ちあらわれます。②量〜⑩所動の枠組みを介して、わたしたち（認識の主体）は①実体（認識の対象・客体）と双方向的な関係にあると申せましょう。わたしたちは、②量〜⑩所動をとおして①実体に迫り、①実体は同じ枠組みをとおってわたしたちのもとにやってくるのだ、といってもよいでしょう。ちなみに朱子が撰定した儒書『大学』は、「明徳」という、いわば純粋認識能力を介して、「知を致《いた》すは物に格《いた》るにあり」という形でわたしたちが物（実体）に肉迫すれば、それに応ずるようにして、今度は「物格《いた》りてのち知至る」という形で

物（実体）のほうがわたしたちに近迫し、わたしたちにとって、物を知るという事態が成り立つと説いています。アリストテレスが語る認識の仕組みと様相は、彼ひとりに固有なものではなく、洋の東西に通底するものだといってもあながち失当ではないように思われます。

具体的に検討してみましょう。いまわたしの前にソクラテスというひとがいると仮定しましょう。さしあたって、わたしにはソクラテスがどういうひとなのか、まったく不明です。ソクラテスの人物像を明瞭に理解するためには、わたしは②量〜⑩所動の範疇を介さなくてはなりません。まず、ソクラテスの②量を考えます。すると、体重七〇キロくらい、身長一八〇センチ程度であることがわかります。次に③質です。おだやかでありながらも鋭い、ということが判明します。つづいて④関係です。クリトンの多年にわたる友人であること、哲学者プラトンの師匠であること、あるいは、クサンティッペの夫であることなどがわかります。以下、⑤場所については、アテナイの広場《アゴラ》をおもな活動の場としていること、⑥時については、紀元前五世紀後半を活動期としていたが、二十一世紀のいまに（思想的な意味で）よみがえったこと、⑦体位については、やや前かがみにわたしに語りかけていること、⑧所持については、ほんのわずかばかりのお金しかもっていないこと、⑨能動については、ひとと積極的に問答しようという気がまえを示していること、⑩所動については、問答でひとびとを啓発するがゆえに、少々煙たがられながらも多くのひとびとから尊敬されていること、などがあきらかになってきます。わたしは、②量〜⑩所動の範疇をとおして明確になった以上のようなことがらを総合することによって、①実体としてのソクラテスとは何ものなのかを、詳細な点にまでわたって知ることができます。そのとき、ソクラテスは、意識の面で、わたしの前にぐいとひきよせられています。アリストテレスの範疇論は、経験に即した論理として、わたしたちの日常生活にしっかりと適応するものだと申せましょう。ただし、アリストテレスがその論理の根柢に据える、「SはPである」（S ist P.）という言明が、ほんとうに「存在者に関する述定の普遍的形式」といえるかどうかは疑問です。アリストテレスによれば、②量～⑩所動の九個の範疇が、かりにすべてとりはらわれたとしても、①実体は、それ自体として存在します。たとえば、一枚の栗の葉から、重さや青緑の色合い、二〇センチ程度の長さ、枝に対する生えかた（角度）などのあらゆる「属性」をとりさっても、葉自体は存在するというのが、アリストテレスの考えかたです。実体は主語です。属性は述語です。したがって、アリストテレスは、主語＝実体と述語＝属性とを截然と区別する物の見かた、物の考えかたを、「SはPである」（S ist P.）という言明にこめていることになります。これは、PがなくともSはSそのもの、S自体として存在すると見ることにほかなりません。Pが消えて、「S ist P.」といえなくなったとしても、「S ist.」と述べることはできるということ、つまり、「SはPである」と語れなくなった場合にも、「Sがある」と述定することは十分に可能だということです。アリストテレスはあきらかに、物自体の存在を認めています。物自体を認めたうえで成り立つ論理学、それこそがアリストテレス論理学の実態であったといえます。

しかし、「物自体」（Ding an sich）を理論理性（純粋理性）の把握能力をこえた地点に在る存在と見なすカント以後の近代哲学は、物自体を前提として論理を組み立てることはできない、とします。近代哲学においては、「SはPである」（S ist P.）は、もはや疑いようもなく正しい、述定の普遍的形式とはなりえないのです。したがって、近代哲学にとってアリストテレス論理学は、人間の思考を端的に映しだす論理学ではなくなってしまいます。近代哲学がアリストテレス論理学を実質（現実）にそぐわない論理学と見なし、それを「形式論理学」とよぶゆえんです。

しかしながら、すくなくともヘーゲルの弁証法が完成する前までは、「形式論理学」が完全に捨てさられることはありませんでした。カントやフィヒテ、そしてシェリングも、形式論理学の枠組みからまったく逸《そ》れる形で、みずからの哲学を構築することはできませんでした。「SはPである」という言明は、「三段論法」を成り立たせる原拠です。三段論法は、たとえば左のような形で展開されます。

ソクラテスは人間である。
人間はみな死ぬ。
ゆえにソクラテスは死ぬ。

ここでは、自同律（同一律）と矛盾律とが貫かれています。ソクラテスはあくまでもソクラテスでありつづけ、人間は人間以外の何ものでもありません。それゆえに、ソクラテスはかならず死ぬことになります。「人間はみな死ぬ。ゆえにソクラテスは死なない」という論法は、矛盾律に抵触するがゆえに絶対に成立しえないというのが、アリストテレスの基本認識です。つまり、形式論理学、すなわちアリストテレス論理学は、同一律と矛盾律とによってかためられており、しかもそれが経験則として常識化され、古代ギリシア以来大半の西洋人の思考を縛りつけてきました。「AはAである」という同一律。「AはAであると同時に非Aであることはありえない」という矛盾律。これらのアリストテレス論理学の核心をなす論理法則をうち破ることは、ほとんどすべての西洋人にとって不可能なことだったのです。

しかし、右に掲げた三段論法は、絶対に否定することのできない完全無欠の論法でしょうか。わたしにはそうは思えません。「ソクラテスは人間である」という大前提は、たしかに動かしえないでしょう。けれども、「人間はみな死ぬ」という小前提は、厳密には完全に正しいといえないように思います。たしかに、ソクラテス以前の時代を生きた何十億もの人間は、すべて死んだことでしょう。しかし、このことは、今後もすべての人間が死につくすことを確実に証明しているとはいえません。かりにソクラテス以前の人間がすべて死んだとしても、ソクラテスだけは死なない可能性があります。三段論法は演繹法《えんえきほう》に基づいていますが、その背後には帰納法《きのうほう》がひかえています。帰納法は、できるだけ多くの実例を、その論拠として集めます。ですが、ありとあらゆる実例を集めつくすことはできません。その意味で、帰納法は絶対に確実とはいえません。ならば、帰納法を背景として成り立つ演繹法も、十全であるとは考えられません。このように、絶対に確実とはいえない演繹法（三段論法）の根拠として措定《そてい》される自同律（同一律）や矛盾律は、はたして、考えられうるすべての命題の基《もとい》となるのかどうか、わたしたちは疑問とせざるをえないのではないでしょうか。

同一律、矛盾律を根柢とするアリストテレス論理学は、当然のことながら、問答法として具体化される弁証法を拒絶することになります。「AはAであり、しかもAでない」という前提から出発して、「AはAでもなく非AでもないけれどもAである」という結論を導きだす弁証法は、あきらかに同一律と矛盾律とを侵犯するからです。ところが、人間それ自体、もしくは人間がそこへと投げだされてあるところの現実は、「AはAであって同時にAではない」という矛盾に充ち満ちています。アリストテレス論理学では、このようないたって現実的で実際的な矛盾がすべて切り捨てられてしまいます。はたしてアリストテレスは、人間の現実に即した論理を展開したといいきれるのでしょうか。わたしには疑問とせざるをえないところです。しかし、アリストテレス論理学は、ヘレニズムの終焉以降アラビア世界で手厚く保存され、中世にいたって西欧世界に逆輸入されて中世神学・哲学を、その根柢から支えて立つ論理学となってゆきます。中世神学・哲学とは、いうまでもなく、キリスト教の神学・哲学です。となると、キリスト教は、アリストテレス論理学に基づいてその思弁をかためたものと考えられます。ですが、神による「無からの創造」(creatio ex nihilo)という観念をもち、その創造神が人間の子であり大工を生業《なりわい》としていたイエスなる人物と同一であると考えるキリスト教は、同一律と矛盾律とを侵犯しない形で、みずからの神学・哲学を構築することができたのでしょうか。次章では、まずはこの問題に対する答えを導いたうえで、特定の思想や文化が「論理」をもつということはいかなる意義を有する事態であるのかを、ヘーゲル哲学や西田哲学を参照しつつ考えてみたいと思います。

第一章　ヘーゲル哲学と西田哲学

1

序章の末尾で述べたように、アリストテレスの哲学、なかんずくその論理学は、アラビア世界を経由して、中世西欧世界に流入しました。当時の西欧世界は、キリスト教によっておおいつくされた世界だったといっても過言ではありません。アウグスティヌスなどを介してプラトニズムが受容されていましたが、プラトンの問答法とその内面化としての弁証法が、思想家たちによって精確に理解されながら受けとめられるという事態は、ついに成立することがありませんでした。そのためでしょうか、中世のキリスト教は、論理を欠いたまま無脈絡な形で精神世界のなかに拡散されてゆく傾向にありました。アラビアから流入したアリストテレス論理学は、そうした拡散傾向を押しとどめ、キリスト教を独得の思想へと集約させることに大きく貢献しました。要するに、キリスト教はアリストテレス論理学を範とし、ひいてはそれをみずからのうちにとりこむことをとおして、独特の神学・哲学となっていったのです。そのもっとも典型的な例が、トマス・アクィナスによる神の存在証明、わけても「宇宙論的証明」です。これは、以下のような形で展開されます（『神学大全』）。

この世界には動くものがある。動くものは動かすものによって動かされている。すなわち、動くものAは、動かすものBによって動かされる。BはAを動かすことをとおして動く。ならば、Bを動かすものCがなければならない。かくして、この世界には、動くものと動かすものの系列「A←B←C……」が生ずることになる。この系列は、一見無限のように見えるけれども、無限遡行ということは起こりえない。なぜなら、現実世界のうちには無限ということは、本来ありえないからだ。とするならば、「A←B←C……」という運動の系列は、どこかで閉じられなければならない。これを閉ざし完結させるものは、もはやそれ自体としては動かずに他を動かすもの、すなわち不動の動者以外の何ものでもない。この不動の動者こそ、万有の創始者にして始源なる神《デウス》である。

この宇宙論的証明は、いったんどこまでも果て知れずつづく系列というものを考えたうえで、無限は成立不可能と見る観点に立つものです。無限が成り立たないという考えは、アリストテレスによってつむぎだされたもので、しかも、「不動の動者」とは、アリストテレスの文脈のなかにあらわれる至高の存在のことです（『形而上学』）。したがって、トマス・アクィナスがアリストテレスの影響のもとに神の存在証明を行っていることは、ほとんど自明であるといってよいでしょう。アリストテレスが無限を不可能とするのは、世界（宇宙）をそれ自体で自足的に完結する球体と見るがゆえです。また、アリストテレスは、在るもの、すなわち「有《ゆう》」から成るこの世界に関して、「無」（無限の「無」）を措定《そてい》することは、有・無の両者のあいだに矛盾をきたす、つまり矛盾律に反するがゆえに、誤りであるととらえます。したがって、トマスに対するアリストテレスの影響は、論理の面にまでおよんでいると見てよいことになります。周知のように、トマスは西欧中世を代表する神学者・哲学者です。この点を考慮するならば、アリストテレスが、中世神学・哲学の形成に関して、ほとんど絶対的ともいうべき地位を占めていることは、明白だと申せましょう。いいかえれば、中世神学・哲学はアリストテレスの哲学、論理学を受容することによって、独自の、自立した神学・哲学になったといえます。

しかし、同一律と矛盾律とに基づくアリストテレス論理学は、キリスト教神学・哲学にとって、真の意味で有効なものとなりえたのでしょうか。キリスト教は、この世界（宇宙）が、全知、全能、絶対かつ至善なる神によって「無」（nihil）から創造されたと考えます。しかも、その創造者たる神は無限です。ところが、アリストテレスは、「無」が被造物としての「有」を生じさせることを認めないはずです。無が有に転換されるという事態は、あきらかに矛盾律に違背するからです。また、アリストテレスは無限なる神の存在（有）を認めるはずがありません。そうすると、アリストテレス論理学に依拠して、「無からの創造」（creatio ex nihilo）を説明するのは、とうてい無理な試みであるといわざるをえなくなります。西欧中世の神学・哲学が、創造論を、論理を欠いた素朴な信仰の対象とせざるをえなかったゆえんです。さらに、「三位一体論」をいかに説明するかという問題になると、ことはいっそう困難な様相を呈してきます。キリスト教正統派《カトリック》では、神と子と精霊は一体であると説かれます。つまり、かりにヤーウェと名ざされる唯一の最高神と、ヤコブの兄弟にしてマリアの子である大工のイエスと、精霊の三者が本来「一」なるものだということです。けれども、このような「三一構造《さんいつこうぞう》」を、アリストテレス論理学をもって論証することは、およそ不可能なことです。なぜなら、自同律（同一律）、矛盾律に対する侵犯を論理の破綻として忌避するアリストテレスが、三が一に帰するというような矛盾した事態を承認し、それを論理化するなどということはありえないからです。中世神学・哲学は、アリストテレス論理学に立脚するかぎり、破綻を宿命づけられていたといってもいいすぎではないかもしれません。討論命題集の文章型式を整えるという点では、三段論法に基づく推論方法が有効に機能したことでしょう。しかしながら、神とは何か、その存在をいかに論証すべきか、三位一体をどう説明すべきか、といったような、キリスト教の根本問題を追究するための方法としては、アリストテレスの哲学・論理学は、ほとんど何の役にも立たなかったと考えられます。

のちにカントは、神の存在は人間の理性のおよぶ範囲を超えているがゆえに、それを論証することはできない、と断定しました。カントによれば、人間は、意志（Wille）と道徳法則（moralische Gesetz）との完全なる合致としての自由（Freiheit）を求めます。けれども、その内面に善悪の感情がうごめく、感性界の存在者たる人間には、意志と道徳法則とを合致させる能力がありません。そうした合致は、合致へとむかう「無限の進行」において、かろうじて可能になるかもしれないという体《てい》のものです。その場合、「無限の進行」を成り立たせるためには、「魂の不死」が保障されていなければなりません。「魂の不死」を保障してくれるのは、ひとり神のみです。したがって、カントにおいて神の存在は、道徳の根幹をなす自由を確立するために要請されるものということになります。ただし、神の存在を「要請」することとそれを「証明」することとは、もとより同義ではありません。カントは神を求めはしたものの、その存在を証明しうる可能性については、それを全面的に否定したのでした。カントは、アリストテレス論理学に基づいて神の存在を証明しようと企てた中世神学・哲学に、限界を見いだしていたと申せましょう。それは、近代の自然科学を背景とする理性の立場からとらえられた限界だったともいえます。

このような限界をかかえこんだ中世神学・哲学は、近代自然科学の発展に逆比例する形で、凋落《ちょうらく》の一途をたどります。近代にいたると、中世神学・哲学は、重箱の隅をつつく煩瑣学として、もはや一顧だにされなくなったといっても過言ではないでしょう。しかし、キリスト教そのものは、新教《プロテスタンティズム》を分岐させつつも、西洋の思想史・精神史において、多大な影響力を保ちつづけました。アリストテレス論理学に根ざした、その神学化・哲学化が失敗に帰した以上、キリスト教は、アリストテレス論理学に代わる新たな論理学を求めなければなりませんでした。物・事の同一性に固執し、矛盾を嫌厭する論理が破綻したわけですから、キリスト教は、非同一性を容認し、矛盾を包括しうる論理の開拓を課題とするにいたったといってもよいでしょう。この課題を果たしたのが、ヘーゲルでした。

2

前章でも触れたように、人間は矛盾に満ちた生きものです。つねに「あれかこれか」にひきさかれているのが、人間というものです。わたしたちの思考は一貫しません。あるときは「Aこそ正しい」と判断し、別のときは「非Aこそ正しい」と考えてしまうのが、わたしたち人間のいつわらざる実態でしょう。ある異性をいとおしく想いながら、同時に彼あるいは彼女をいまわしく想う。そういうことが、日常生活のなかで頻々と起こります。「AはAであって、非Aではない」というふうに、脈絡をもって考えぬくことができないでいるのが、わたしたちの日常の現実ではないでしょうか。アリストテレス論理学は、こうした現実を説明づけることができません。そもそも、わたしたちにとっては、「わたしはわたしである」と語ることすら容易ではないからです。「わたし」をいつも裏切ってしまうのが、わたしたちです。たとえば、わたしは、かく在りたいと念じ、かく在ることに努めます。けれども、その努力はけっして長続きせず、かく在るわたしはいつのまにか消えさっていて、かくは在りえないわたしが顔をだします。かと思えば、いつとも知れず、かく在るわたしにもどっていたりします。わたしはわたしとしてどこまでも変わらずに在る、などといったことにはどうしてもならないのが、わたしたちの現実だと断ぜざるをえません。この現実を的確にとらえた最初の哲学者がプラトンだった、とわたしは想います。彼の弁証法は、Ａと非Ａとの対立を浮き彫りにしつつ、Ａでもあり非ＡでもあるというＡの真実の姿をあらわにするからです。けれども、Ａと非Ａとを二つながらにつつみこみながら、Ａをも非ＡをもこえてＡが成り立つという、いわば「総合」の相《すがた》が、プラトンの弁証法では明瞭になっていないのではないかと思われます。そうであるとすれば、プラトンの弁証法に依拠しているかぎり、わたしたちは、かく在るわたしとかくは在りえないわたしとのあいだを行《ゆ》き来《き》するだけで、もう一歩高い次元のわたしとはなれないのではないでしょうか。つまるところ、プラトンの弁証法は、主として「正」と「反」という二つの次元に関わるだけで、「合」という第三の次元を定立させていないように見うけられます。第三の次元をうちたて、「正→反→合」という図式を確立したのが、ヘーゲルの弁証法でした。

『精神現象学』や『法哲学』などで説かれる弁証法《ディアレクティーク》は難解をきわめます。カント以来のいわゆる「ドイツ観念論」の系譜に立つひとびとの言説は、総じて複雑にいりくんでいて、一筋縄では理解できないといっても過言ではないでしょう。ときの政府の忌諱《きい》に触れまいという態度が、彼らに晦渋《かいじゅう》な文体を選ばせてしまったのではなかったかとも思われますが、それにしても、なぜかくもむずかしく書かれているのか、ほんとうの理由はよくわかりません。ヘーゲルも同様です。彼の言説はあまりに複雑すぎて、そこから真意をくみとることは至難です。ヘーゲル特有の用語と文体をもってヘーゲル哲学を説明してみても、それは、説明をするわたし自身の能力はもとより、読者の読解力をも踏みこえてしまうことでしょう。したがって、ここでは、できるだけヘーゲル自身の用語と文体に依拠せずに、わたしがヘーゲルを読むことによってかろうじて理解できたことがらを、わたしのことばで語ってみたいと思います。

ヘーゲル哲学の核をなすものが、彼が独自に開拓した弁証法であることは、ことさらに強調するまでもないでしょう。彼以後のキルケゴールによる逆説弁証法や、マルクスによる唯物弁証法と区別するために、ヘーゲルのそれは、観念弁証法とよばれることが多いようです。しかし、「理性的なものは現実的であり、現実的なものは理性的である」と主張するヘーゲルは、単なる観念論者というよりも、むしろ観念実在論者でした。したがって、彼の弁証法は、ただ単に観念によって構築されたものではなく、実在に深く関わる論理でもありえた、と推断されます。ヘーゲルは、アリストテレスを模範として思索した哲学者であり、彼の物の見かた、物の考えかたは、アリストテレスのように、実在に即し、経験に沿うものだったと考えられます。アリストテレス主義者ともいうべきヘーゲルが、アリストテレス論理学を批判的に乗りこえる形で、独自の弁証法論理学を築いたのは、一見奇怪なことのように見えるかもしれません。しかし、ヘーゲルは、キリスト教文化のなかで思索する哲学者だったのであり、それゆえ、彼が展開する論理は、キリスト教成立以前のアリストテレスのそれとは異質なものとならざるをえなかったのでありましょう。断定することはできませんが、ヘーゲルは、キリスト教の三位一体論の「三一構造」をいかに説明づけるかということを、自身の主たる課題の一つとしていたように見うけられます。

厳密にいえば、弁証法とは媒介の論理であり、したがって、何ものをも無媒介な直接態として立てることができません。「正→反→合」の「正」は、無媒介に直接そこに在るものではなく、それに先立つ「合」から展開されたものでなくてはならないのです。いいかえれば、「正→反→合」の過程は、それに先行する「正→反→合」の過程を前提としていなければなりません。つまり、弁証法は、「……合→正→反→合→正→反→合→正……」という形で、螺旋的に循環する論理なのです。けれども、人間の思考というものは、理念のうえではともかくとして、現実の面では、何かを直接態として措定《そてい》しなければ先に進めない、という構造をもっています。ヘーゲルの場合も例外ではありませんでした。彼はまず、自己自身に固着してそこから離れられない即自《そくじ》の自己 an《アン》 sich《ジッヒ》 を直接態として立てます。アリストテレス論理学の文脈を借りて説明すれば、即自の自己 an sich とは、「自己は自己である」という同一律に基づく自己です。同一律にしがみついてそこから一歩も離れないとすれば、論理はそこで終息することになるでしょう。ですが、実際に現実を生きる人間は、そうはゆきません。人間には反省的思考というものがあり、「自己は自己である」という言明が真実をあらわすのかどうか、かならず疑問になります。人間にとって、自己なるものは、終始矛盾にさらされているからです。

ヘーゲルによれば、この疑問が、自己の外側に立って自己をとらえようという視点、すなわち、対自の自己 für《フュアー》 sich《ジッヒ》 をよび起こします。対自の自己 für sich は、即自の自己 an sich を対象化して見つめる自己です。これは、「自己は自己でない」という次元に立つ自己だと申せましょう。人間はつねに自己否定という形で自己を対象化するのであって、この自己否定に根ざした反省ということがないかぎり、理性の領域での進歩は起こりえないといえます。現に在る自己はおかしい、これを乗りこえなくてはならない。そういう想いが、理性の面での進歩を願う人間の心にはかならず生ずるもので、対自の自己 für sich とは、そのような想いを介して生起するものです。ところが、人間はこの段階にもとどまることができません。対自の自己 für sich は、即自の自己 an sich と分立しており、しかもこの分立は、精神の分裂をひき起こすからです。二つの自己は、第三の自己によって総合されなくてはなりません。

もとより、総合とは、第二の自己（対自の自己 für sich）が単純に第一の自己（即自の自己 an sich）に舞いもどることではありません。第一の自己そのものでもなければ、第二の自己そのものでもない、これらの二つの自己をつつみこみつつあらたに発展した自己が、第三の自己です。ヘーゲルは、この第三の自己を、即自にして対自なる自己 an und für sich《アン ウントフュアージッヒ》 とよびます。これは、いわば、「わたしはわたしでないけれどもわたしである」と語られる自己と申せましょう。かくて、ヘーゲルの弁証法は、「即自の自己 an sich→対自の自己 für sich→即自にして対自なる自己 an und für sich」という形をとることになります。ここでは、自己はなま身のまま、そのままの自己として放置されず、対象化と総合という「運動」によってとらえられています。いいかえれば、ヘーゲルにとって自己とは、静止するものではなく運動するものにほかならなかったといえましょう。ただし、この運動は、一回かぎりで終息するものではありません。総合は、やがてかならず破られる定めにあるからです。即自にして対自なる自己 an und für sich が、さらなる反省（自己否定）によって、「非自己」を措定《そてい》すると、さらにもう一度、対象化と総合の過程が起こります。「an sich→für sich→an und für sich→an sich→für sich→an und für sich……」という構造がどこまでもくりかえされるのです。もちろん、この構造は単なる円環ではありません。一回一回の運動における総合（即自にして対自なる自己 an und für sich）は、それ以前の総合をつつみもつことによって、次第にふくれあがってゆきます。いわば、渦巻状に動く精神の無限の運動が、ヘーゲルの弁証法であったといってもよいでしょう。

ヘーゲルの弁証法は、わたしたちの実際生活のなかでの精神の運動を如実に反映しています。ソクラテスの言説に依拠するまでもなく、わたしたち人間にとってもっとも重要な課題は、「真なる自己とは何か」ということです。真なる自己、本来の自己を求めてわたしたちは思索を重ねます。ところが、どこまで追求しても、真にして本来なる自己を見いだすことができない。そこに、いわばわたしたちの実存の苦しみがあります。仏教が説くように、解脱することができないかぎり、この苦しみは、どこまでも無限につづきます。したがって、「総合」の段階に真の自己を措定しようとくわだてるものであるとすれば、ヘーゲルの弁証法は、即自の自己から対自の自己へという運動を、無限に渦巻状にくりかえすことになるはずです。しかしながら、ヘーゲルは、みずからの弁証法を、一回的な運動として終息させてしまいます。たとえば、『精神現象学』は、「絶対精神」なるものを定立させ、人間の思索の運動は、そこに立ちいたることによって終わるとするのです。また、『歴史哲学講義』において、ヘーゲルは、東洋の絶対君主制からギリシア・ローマの民主制などを経て漸次に展開されてきた政治史は、プロイセンに代表される近代的市民国家という最高形態をもって終息する、と説いています。かくして、無限の運動を反映するものであったはずのヘーゲルの弁証法は、「正↓反↓合」（定立↓反定立↓総合）という、ただ一回かぎりの過程に限局されてしまうことになります。しかも、ヘーゲルは、弁証法を、かりに立てられた直接態から起こるおのずからなる運動としてではなく、あらかじめ作為的に設定された目標が、運動の各過程に反映するものととらえていたふしがあります。たとえば、『精神現象学』は「絶対精神」が自己自身に還帰する、自己内完結運動として、弁証法を措定《そてい》しているようです。だとすれば、ヘーゲルの弁証法とは、絶対的な何ものかの自己展開の過程であり、それは一種の発出論《はっしゅつろん》であったことになります。ヘーゲルは、プロティノスと同様に、一者からの万物の流出を説いた、という指摘（たとえば、田辺元《たなべはじめ》『ヘーゲル哲学と弁証法』）が、にわかに現実性を帯びたものとなってくるようです。

　しかし、わたしがここで企図しているのは、ヘーゲル哲学を批判することではなく、その論理学の哲学史上における意義をあきらかにすることです。見てきたように、ヘーゲルは、「正→反→合」（定立→反定立→総合）の運動過程を、わたしたちの精神のうちに見いだしました。わたしたちの精神が実際にこうした運動過程をたどることは、いまここであえてくりかえすまでもないと思います。しかも、この運動過程は、三が一に帰するという「三一構造」を端的に示すものでもあります。とするならば、ヘーゲルの弁証法は、キリスト教の「三位一体論」を的確に説明づける論理たりえている、ということができます。さらに、この弁証法を下支えする「ＡはＡであって、同時にＡではないけれども、Ａである」という、矛盾律に違背しつつもそれを乗りこえて真実を告げる物の見かた、物の考えかたは、「ヤコブの兄弟であり、マリアの息子である大工のイエスが、人間でありつつも、同時に人間ではなく神である」という言説を、事実をいいあらわすものとして論理化する権能を有しています。すなわち、ヘーゲルの弁証法はキリスト教史上において、その教義をはじめて論理化したものだと申せましょう。いいかえれば、キリスト教は、その誕生後、ほぼ千八百年のときを経て、ヘーゲルの弁証法の登場をまって、ようやくみずからを理性的に説明づけることのできる論理を獲得するにいたったのだ、といえましょう。このことは、ヘーゲル哲学、わけてもその弁証法によって、キリスト教思想が、厳密な意味で「哲学」という学の姿をとるにいたったことを意味しています。このように、一つの思想や思潮が「論理」を得ることをとおして「哲学」となるには、膨大な年月を要します。ギリシアの思想、文化は前九世紀ころに萌芽していますが、それが独自の論理を手にいれるには、前四世紀のプラトンやアリストテレスの登場をまたなければなりませんでした。このことを念頭に置きながら、ここで日本の思想、文化に目を転じてみたいと思います。日本の思想、文化は、はたしてみずからを理性的に説明づける「論理」をもちえたのでしょうか。もちえたとすれば、それはいつのことだったのか、あるいはもちえなかったとすれば、それはいったいなぜだったのか。以下節をあらためて、日本の思想、文化の根幹に関わるこうした問題を問うてみたいと思います。

3

日本を代表する「哲学」は何か。それを考えるとき、まず第一にわたしたちの頭に浮かぶのは、西田哲学でしょう。西田の弟子三木清や戸坂潤、あるいは年下の同僚九鬼周造や和辻哲郎の思索などを「哲学」とよぶむきもあるようです。しかし、明確な体系をもたず、独自の論理をもたない彼らの思索を「哲学」と称することには無理がある、とわたしは想います。西田幾多郎は、カントやヘーゲルのように壮大な体系を確立したわけではありませんが、その三十五年以上にもおよび強靭な思索をとおして、他の追随を許さない独得の論理を構築しました。わたしは、それまでになかったあらたな「論理」を開拓することができた思索のみが、「哲学」の名にあたいすると考えます。その意味で、わが国最初の「哲学」は、西田哲学にほかならないと思います。西田哲学に匹敵するものは、西田哲学を部分的に継承しつつも、その根幹を批判することをとおして、独自の「論理」をうちたてた田辺哲学のみでしょう。このようにいうと、日本には西田哲学と田辺哲学の二つの哲学しかなかったのか、という疑問が生ずるかもしれません。残念ながら、その疑問に対しては、「そのとおりだ」と答えるしかありません。右に名をあげた三木清や戸坂潤、九鬼周造、さらには和辻哲郎なども哲学者だったといいたいひともいることでしょう。ですが、彼らは、西洋からの借りものの論理によって、あるいは論理について無自覚なまま思索したひとびとであり、「思想家」とよぶことはできても、「哲学者」と名ざすことはできない、とわたしは思います。したがって、日本の思想、文化は「論理」によって支えられていたかどうかという観点から、過去の思索、先人の思想をふりかえろうとする、本章の以下の考究においては、まず、西田哲学の「論理」を俎上《そじょう》にのせなければなりません。

哲学を学ぶひとであればだれもが知っているように、西田哲学は『善の研究』からはじまり、漸次彫琢を加えられてゆき、最後の論文「場所的論理と宗教的世界観」をもって、いちおうの完結態に達した哲学です。この哲学は、初発の時点、すなわち『善の研究』の時点において、すでに独自の論理をそなえていました。「純粋経験」の論理がそれです。意識現象のすべてを純粋経験に基づいて説明しようとする西田の意図は、彼が一つの一貫した論理によって一個の自立した思想体系を築きあげようとしたことを、如実に示しています。西田のいう純粋経験とは何なのか。わたしたちは、まずそれを考察することをもって、西田哲学の内実を追うための一歩としなくてはなりません。『善の研究』において、西田は説きます。いまだ意識が分化せず、主観もなければ客観もない直接経験こそが純粋経験である、と。直接経験とは、幼児の原初体験のようなものです。外界の存在、すなわち、自分の外側に物が在るということを察知できるようになったばかりの幼児は、たとえばベッドに横たわっている自分の顔をのぞきこんでいる母親の顔を見た場合、それが何であるかを思惟することなどできようはずもありません。その幼児には、「外界の何かを自分が見ている」という知覚すらもないのです。もちろん、自分をのぞきこんでいる物（母親）を対象化して、「これは母である」などと考えることもできません。幼児は、まさに主観もなければ客観もない、主客未分の状態のなかで、ただ「何かが在る」ということを感知しているだけです。この主客未分の感知を、西田は直接経験と名ざし、その直接経験が、いわば初発の純粋経験だといいます。けれども、純粋経験がこのようなものにとどまるとすれば、それは、ただの無分別知にすぎないことになってしまいます。西田は、無分別知の次元にわたしたちが位置づけられたままでいることを求めたわけではありません。幼児に典型的にみとめられる無分別知は、幼児の成長につれて、意識が複雑多岐に分化してゆくことをとおして、やがて分別知へと移行してゆきます。

西田はそれを明記してはいませんが、分別知の成立には言語が密接に関わっているにちがいありません。言語を習得することによって、幼児は、「この自分が母を対象としてとらえている」ことを自覚するにいたるのです。序章でも触れたように、日本語においては、主語があらわにされることは、けっして多くはありません。けれども、主語が語られないということは、主語がないことを意味しているわけではありません。文脈あるいは言語場に依存する日本語は、文脈あるいは言語場を発話の前提として主語がほのめかされるという構造をもっています。日本語という言語を習得する過程で、わたしたちは、主語と述語の関係、すなわち、主体と客体とが互いに他から区別される関係を認知することになります。このことを把握したうえで、西田は、主客未分の幼児的な直接経験をこえた次元に、さらにいっそう高度な経験としての純粋経験を見いだそうとします。

西田は、あるひとが断岸をよじ登ろうとしている場合を、例としてあげます。よじ登ろうとしているひとは、「いま右手を岩にかけているのだから、今度は左足をあげなければならない」といったような思考をめぐらせているわけではありません。へたに思考を意識化すると、体の動きがバランスを失って、断岸から落下し、命を失ってしまうおそれがあります。よじ登っているひとは、ただもう無我夢中に体を動かしているだけです。この場合、よじ登るひとは、「わたしという主体が、断岸という客体に対している」などという意識をこえて、自分が断岸か断岸が自分かもはやはっきりとしない、いわば主客合一の境地にあるといってよいでしょう。このように、日常において主客弁別の意識を有するひとびとが、命がけの危機にのぞんで主客合一の境地に達することを、西田は純粋経験と名ざします。

西田はさらに、芸術における達成態にも論及します。すぐれた音楽家が手なれた楽曲を奏する場合を例にあげるのです。バイオリニストであれ、ピアニストであれ、円熟の境にはいった音楽家ならば、「いま自分はこの音符を弾いており、つぎにあの音符を弾くのだ」というふうに考えるということはありえないでしょう。ただもう手や足が無意識のうちに動いて、おのずからにすばらしい楽曲が演奏されることになる、と申せましょう。その際、音楽家は、もはや主もなければ客もないという、主客合一の境地に深くはいりこんでいるはずです。西田は、このような境地こそが如実に純粋経験をあらわす、と考えます。厳密なとらえかたをするならば、いまだ主もなければ客もないという状態と、もはや主客の別がないという境地とは、まったく次元がちがうというべきでしょう。西田のいう直接経験としての（主客未分の）純粋経験と、はるかに高次の主客合一の純粋経験とは、その形式を同じくしつつも、内実においてはまったく異なっているといっても、失当ではないと思います。西田の純粋経験は、いわば純朴な段階のそれと体達者（達成者）のそれとにわかれるのだといえましょう。

　西田の「論理」を追究するうえで重要なのは、いうまでもなく、体達者の純粋経験です。いま、少々西田の文脈そのものを離れるならば、この純粋経験については、さまざまな具体例が考えられることでしょう。たとえば、オリンピックのメダリストクラスの柔道家です。彼らが試合で技をくりだす場合、頭のなかは、もはや主もなく客もない状態になっているに相違ありません。彼らの身体はおのずからに動き、ほとんど無意識のうちに技がでているはずです。考えに考えた技を意識してかけているようでは、彼らはメダリストどころか、オリンピック出場をかけた予選で早々に敗退していたことでしょう。あるいは、卓越した書道家が「一」という文字を書く場合について考えてみましょう。わたくしども一般人は、「一」などだれにでも書ける、何の技も必要としないと思うかもしれません。ところが、実際には、「一」をまっすぐに、しかも美しく書くことほどむずかしいことはありません。すぐれた書道家であれば、筆をもって一本の横線を引くこと、すなわち「一」と書くにあたって、かなりの緊張を強いられることでしょう。彼は、息を殺し、「我《われ》」が筆を手にしているという意識や、「我《われ》」が紙に相対しているという思いが消えさる一瞬を待って、いわば無心に、さっと一気に横線を引き、呼気をはきだす刹那に筆をとめるのだ、と思います。卓越した音楽家も、オリンピックの頂点をきわめる柔道家も、そしてこのすぐれた書道家も、己れの技を用いるまさにそのとき、例外なしに無心になっているのではないでしょうか。西田は、このような無心の境地を、純粋経験とよんでいる、と断定してよいと考えられます。

ならば、純粋経験とは、「無」に関わる意識の在りよう、しかも、そのもっともとぎすまされた在りようにほかならない、と申せましょう。序章でも少々検討したように、日本の思想、文化は、「我《が》」を消し、「我《が》」が無い状態、つまりは「無我」を求める思想、文化です。「SはPである」という言明、すなわち、主語（実体）と述語（属性）とを截然《せつぜん》と区別する発想に基づいて構築された形式論理学（アリストテレス論理学）をもって、日本の思想、文化を筋道だてようとしても、それはかならず徒労に終わることでしょう。西田は、主客の区別に立った形式論理学をしりぞけ、主もなく客もないという主客合一の論理を表明する、いわば「純粋経験の論理学」をうちたてることによって、日本の思想、文化の根幹を説明づけようとしたのでした。

この試みは、なかば成功しているといってよいでしょう。「我《われ》」（主体）なき「我《われ》」、物を客体として対象化することなき「我《われ》」を、思惟することの起点とすると同時に、その到達点ともなすという姿勢は、日本の思想、文化を貫きとおしているからです。芭蕉の晩年の句を見てみましょう。

この道や行く人なしに秋の暮

「この道や」という現場指示の語が初句に登場することに注目するならば、ここには芭蕉の「我《われ》」が主語として含意されているように見えます。しかし、秋陽暮れなずむたそがれどきに、「この道」に立って「行く人なし」とつぶやいているのがいったいだれなのかは、実は曖昧模糊《あいまいもこ》としていて、厳密に特定することができません。さらには、「行く人なし」とうたわれているのですから、だれかはわからぬ「我《われ》」の前にだれの姿もないことは明白ですが、その「いない」ということの意味が判然としません。俳諧の道で独歩たらざるをえない悲愁を示唆しているようでもあり、また、人どおりのない寂しい道を実景として詠《よ》んでいるにすぎないようにも思えます。要するに、この句では、主客を弁別することが故意に避けられており、その未分状態、あるいは合一状態のもとで、全体の意味がおぼろとなり、しかも、そのおぼろさのゆえに、秋の暮れの哀感がにじみでています。秀句以外の何ものでもありません。しかし、この秀句の秀句たるゆえんを形式論理をもって説明しようとしても、それはむなしい試みというしかありません。これは、芭蕉の時代の俳諧のみならず、現

代俳句についてもいえることです。わたしの愛誦している句に、

ふるさとの訛りぽろりと花むしろ　（伊藤淳）

という現代俳句があります。桜花散りしきる景を前にして、やや哀感を含んだ感動をおぼえているのが、作者の「我《われ》」であると推断しても、そこには無理はないようにも見うけられます。ですが、よくよく考えてみると、感動のあまり、たとえば「きれいやわあ」というようなふるさと訛りを思わず口にだしてしまったのは、作者である「我《われ》」とはかぎりません。作者は、だれかほかのひとがふるさと訛りをぽろりと口にする場に、偶然居あわせただけだと解することもできます。芭蕉の句と同様に、この句もまた、主客弁別を旨《むね》とする形式論理による解釈を拒み、主客未分ないしは主客合一の境位をひらくことによって、間主観的な感動を喚起する秀句たりえているといってよいでしょう。

「ヘーゲル哲学と西田哲学」と題して、思想、文化あるいは宗教を貫く論理を確立しようと試みた先哲の思索を追おうとする本章において、日本文化の内実を具体的に跡づけようとすることは、いささかことの本質からずれているのかもしれません。ですが、日本文化の本質をもっとも端的に述べあらわす、世界最短の詩形式、俳句のなかに、純粋経験の論理が含意されていることは、ここ

にあげたわずかな例によってあきらかであるといえるのではないでしょうか。「純粋経験の論理学」によって日本思想、日本文化を説明づけようという西田のくわだてがなかば成功しているというわたしの見たては、あながち失当だったとはいえないように思われます。

しかしながら、『善の研究』の西田は、たしかになかば成功しているものの、全面的に成功しているとはいえないようです。まず一つの問題は、西田の文脈を追うかぎりでは、主客未分の直接経験としての純粋経験と主客がいったん区別されたうえでそれらが一致へともたらされるという、いわばある段階での意識の達成態ともいうべき、主客合一としての純粋経験とが、どのような関係に立つのかが明瞭にならないという点です。主客未分の純粋経験と主客合一の純粋経験とは、まったく同じなのかどうか、あるいは、後者が前者よりも高い次元に成り立つといったような違いがあるのかどうか、西田はそれをあきらかにしておりません。後世の視点から西田哲学を補完すべく、「西田の真意」をあらわにするという形で、二つの純粋経験を相互に関連づけることも不可能ではないでしょうが、そのような試みは、わたしにはひいきのひきたおしのように見えてしまいます。それは、あくまでも西田自身の論脈にしたがうかぎり、解きえない問題だというしかないと思います。さらに、もっと大きな第二の問題があります。主客未分の純粋経験には「我《われ・が》」を措定《そてい》する余地がないけれども、主客合一の純粋経験においては、その「合一」自体をとおして「我《われ・が》」が立てられてしまう可能性があるという点が、それです。ここに、ただでさえも難解な西田哲学をさらにいっそう理解の困難なものとしてしまうおそれがあります。それを承知のうえで、あえて申し述べるならば、わたしには、主もなければ客もないという意味で「無」につながるはずの純粋経験は、それが「経験」であるかぎり、何ものかの、すなわち、経験が成り立つ前の「我《われ》」とは異なる第二の「我《われ》」の経験となってしまうように思われるのです。とするならば、西田の「純粋経験の論理学」は、無の背後に有を置く論理を展開していることになります。この論理では、「我《が》」を消すということを、すなわち「無我」を説明しつくすことができません。おそらく西田は、このことに気づいていたのでしょう。それゆえ、西田は、『善の研究』以降に、純粋経験の立場を離れ、絶対意志の立場を経て、無の「場所」の論理へと、自身の思索の核を移動させ、やがて、絶対矛盾的自己同一や逆対応ということを強調するにいたったものと思われます。

『自覚に於ける直観と反省』という第二作目の哲学書は、西田自身にいわせれば、悪戦苦闘のドキュメントであり、そこに深い思索の展開がみとめられることは否定できません。けれども、この書において西田が獲得した絶対意志の立場は、彼がフィヒテに即して確立したもので、「学」としての普遍性を有するものの、その立場から展開される論理は、つまるところ借りものの域をでません。西洋から借用した論理で日本の思想、文化を説明づけることには、当然ながら無理があります。西田が日本の思想、文化を裏づけることのできる、真に東洋的ないし日本的ともいうべき「論理」を確立したのは、論文「場所」において、無（絶対無）がそこにおいてある場所の論理を披瀝した時点でのことだった、と考えられます。諸家は、この時点をもって、「西田哲学」と称すべき西田独自の哲学が誕生した、と説きます。わたしもまた、この見解にしたがうものです。それゆえ、つぎに、無の場所の論理とはどのようなもので、またそれはいかなる形で日本の思想、文化を下支えすることができるのかをあきらかにしてみたいと思います。ですが、その前に、近年なされている『善の研究』に対する批判的言説をとりあげ、ごく簡潔にその当否を問うておくことにします。

近年の日本近代思想研究者のなかには、『善の研究』の中心概念たる純粋経験がアメリカの心理学者・哲学者W・ジェイムズから借用されたものにすぎない、と批判するむきがあります。ジェイムズからの影響は、西田が率直に告白するところでもあり、否定できない事実です。しかし、ジェイムズは、みずからの純粋経験という概念をもって、アメリカの思想、文化に独得の論理をもたらそうとしたわけではありませんでした。西田とジェイムズとでは、はじめからその意図するところが違っていたのであり、意図が異なれば、たとえ類似の概念を用いたとしても、両者の論の展開は、おのずからにそれぞれ別種のものとなっていった、と見るべきでしょう。また、『善の研究』の、いっさいの意識現象が実在である、という言説は、西田の東京大学専科生時代の師井上哲次郎の現象即実在論の受け売りにすぎない、と批判するひとびとがいます。たしかに、字面《じづら》のうえでは両者はよく似ています。しかし、西田に特有な、意識現象の流れのなかに伝統的な「無我」の思想を定位させようという意図が、井上に発すると見ることは、はたして妥当でしょうか。もし井上が、そのような意図を有する真の「哲学者」であったとすれば、おそらく『勅語衍義』のような、ときの政府の教育政策に迎合する不用意な著作を書くことはなかったはずだ、とわたしは考えます。

4

序章でくわしく述べたように、プラトンはイデア論を展開する際、当初は、個物が普遍のイデアを分有することによって個物たりうるとする、「分有説」の立場に立っていました。しかし、これでは、分有する主体としての個物が、本性上絶対の優位にあるはずの普遍のイデアに先立って存在することになってしまいます。そこで、プラトンは、分有説を放棄して、ある場所《コーラー》に普遍のイデアが立ちあらわれる（現象する）ことによって個物が成り立つとする「場所の論理」を展開するようになります。西田がプラトン哲学をどこまで精確に理解していたかは、定かではありません。恩師ケーベルから西洋古典を学ぶように勧められても、自己自身の思索を深めることに重きを置くがゆえに、その勧めにあえてしたがおうとしなかった西田です。彼は、もちろん英訳などを介してプラトン哲学の概要に触れていたでしょうが、イデア論をめぐってその詳細を論じるような段階にまではいたっていなかったものと推察されます。ところが、『働くものから見るものへ』に収められた論文「場所」などにおいて西田が説く「場所の論理」は、プラトンのイデア論によく似ています。

たぶん、偶然の一致にすぎないのでしょうが、まるで西田は専門的にプラトン哲学を研究しつくし、そこから自己の思索に必要な考えかたをひきだしてきたかのような感すらあります。

ただし、プラトンと西田の一致は、論理の表面においてのことで、その内実は、一致しているどころか、むしろ互いに疎遠であるといわざるをえません。プラトンのいうイデア、すなわち個物に対する普遍者を、西田は、「一般者」ととらえます。中期西田哲学の代表作『一般者の自覚的体系』において、西田は、この一般者を多様な角度から多義的に解しています。一般者といっても、叡智《えいち》的一般者や表現的一般者などにわかれるというのです。しかし、一般者を多岐にとらえる西田の思索は、あまりに錯綜しすぎていて要を得ません。ここでは、一般者は普遍者の謂《いい》とのみ解しておくことにいたします。

さて、その一般者ですが、それは、個物を個々に在らしめる原拠として機能します。その意味では、一般者はイデアのようなものだといってよいでしょう。西田によれば、それは個物を有らしめる原拠たるかぎり、一定の「於てある場所」に定立されなければなりません。その「於てある場所」は、もとより、個物の存在する地点のように、実際に肉眼で具体的にとらえられるようなものではありえません。それは不可視の、いわば形而上的場所です。「形而上」とは「形よりして上なるもの」という意味で、形がないということをあらわしています（ちなみに、「形而下」とは「形よりして下なるもの」の意で、形があるということをあらわしています）。したがって、西田のいう一般者の「於てある場所」とは、形のない場所ということになります。形がないという在りようは、端的に「無」を意味しています。それゆえ、西田にとって場所とは無の場所であった、と解さなければなりません。これはプラトンが明瞭には意識していなかった考えかたです。もちろん、プラトンの場所《コーラー》も、イデアがそこに現象するところのどこかであるかぎり、そこにはあらかじめ何も存在していないという意味で、無であらなければならなかったわけですが、無というものを認めなかったギリシア思想の伝統に立つ彼にとって、「無なる場所」という概念をあらわな形でうち立てることには無理がありました。しかも、西田の考えでは、一般者の「於てある場所」のみならず、一般者それ自体も無です。したがって、西田の場所の論理では、無が無の場所に立ちあらわれるということになります。

形式論理学に基づいて思索するひとびとはこれはもはや論理の枠組みをこえている、非論理の世界に展開される空論にすぎないと考えることでしょう。ヘーゲルの弁証法論理をもってしても、無の場所を論理化することはとうてい不可能のように見えます。たしかに、無を単に非在とのみ解するかぎり、西田はないものがない場所にあらわれると説いていることになります。これがいっさいの具象化・具体化を拒む、空虚な論理にほかならないことは、一見して否定しようもないように思えます。しかしながら、西田のいう無とは、何もないということ、ただ単に非在ということのみを意味するわけではありません。それは、すべての存在者（有）を有として在らしめる動的な根拠というべきです。換言すれば、無とは有をはたらかせる根源的動性なのだ、と申せましょう。西田の場所の論理は、いっさいの有を有たらしめる根拠であり動性であるところの無が、その動性をいかんなく発揮しうる場としての無の場所に立ちあらわれることを示す論理なのだ、と考えられます。

このように、西田のいう「無」とは、はたらく無、動く無です。有の背後に定位され、有をはたらかせ動かす無、それが西田の無だといってもよいでしょう。形式論理学から見れば、あるいは弁証法論理学から見ても、有を動かしはたらかせるという形で、それ自体が動きかつはたらくものは、当然ながら実体、すなわち有でなくてはなりません。その意味で、場所を無の「於てある場所」ととらえる西田の論理は、諸々の有から成り立つ現実に即応しない、非現実な論理ということになるのかもしれません。『働くものから見るものへ』と『一般者の自覚的体系』を精読した田辺元が、西田哲学を神秘主義として批判した（「西田先生の教を仰ぐ」）のもやむをえないことであったと申せましょう。しかし、田辺も認めたように、西田哲学は、宗教的な意味で、決定的なまでの深みに到達する論理を展開しています。田辺は、『懺悔道《ざんげどう》としての哲学』以後の、一連の晩年の著作群で、キリスト教の神や浄土教の阿弥陀仏などは有であるはずはない、それらは絶対無にほかならないと主張しました。絶対無だとすれば、当然形を超えていて、不可視であるはずです。神や阿弥陀仏は、形なくしてかつは不可視でありつつも、現世の「場所」に示現して、現世の存在者たちと何らかの形で関わるに相違ありません。その関わりかたを、西田は無の場所の論理において、きわめて的確にいいあらわしているのではないでしょうか。無ないしは絶対無たる神仏が、無の場所に立ちあらわれる。そう解釈する以外に、宗教における超越者と人間との関係を解きあかすすべはないとわたしは思います。したがって、西田の無の場所の論理は、宗教的真理を鋭く衝《つ》くものといってよいでしょう。

西田は、論文「場所」を収めた書『働くものから見るものへ』の序文において、「形なきものの形を見、声なきものの声を聞く」という境地こそが、有の哲学たる西洋哲学に対する東洋思想の特色をなすという認識を示しています。無の場所の論理は、このような境地を、言語をもって説明づけることをめざして構築されたものです。形なきもの、声なきものとは、文字どおり形而上のもので、それは有ではなく無と名ざすべきものでしょう。無の場所の論理は、たしかにこうした無をめぐる思索を言語化することに寄与しています。ですが、無が無において在る、という西田の言説は、その抽象の度合いが極点にまで達しているように思われます。いいかえれば、そこから現実の具体相を導くことは、ほとんど不可能に近いといってもよいでしょう。無の場所の論理を具体的事象にあてはめて活用するためには、その論理を構成する諸要素のうちの何かを変容させる必要があるようです。わたしは、無が無の場所に立ちあらわれるといわれる場合の主語に相当する「無」が、有を根拠づける無であったことをいまここで想起し、それを「有を含む無」ととらえてはどうかと考えます。このようにとらえさえすれば、西田の無の場所の論理は、日本の思想、文化を説明しうる論理として、一気に躍動するように思います。

『古事記』の古層には、「……見れば〜見ゆ」という文形式が散見されます。これは、「……」を見る主語「我《われ》」を措定《そてい》する文形式ですので、「我《が》」を消すという日本人に固有な発想からややはずれるものといわざるをえません。しかし、「……」を見ている「我《われ》」がいる場所に、「〜」がおのずからに立ちあらわれるという考えかたを示すものであることはたしかです。この文形式は、萬葉の時代になると、「……見れば」が消去され、ただ「〜見ゆ」とのみ述べる形に変容されます。たとえば、左のような例をあげることができます。

さ夜中《よなか》と夜は更《ふ》けぬらし雁《かり》が音《ね》の聞こゆる空を月渡る見ゆ　（萬葉集巻九、一七〇一――人麻呂歌集）

旅にしてもの恋《こほ》しきに山下の赤《あけ》のそほ船沖に漕ぐ見ゆ　（同右巻三、二七〇――高市黒人）

この場合、「見ゆ」が動詞だとすれば、何かが見えて在るその場に、見る主体としての「我《われ》」が確定されていることになり、「我《が》」を消しさる思考とは無縁であるといわざるをえません。けれども、「見ゆ」は動詞ではありません。日本語では、動詞・補助動詞の終止形が動詞を下接させるということはありえないからです。「月渡る見ゆ」「赤のそほ船沖に漕ぐ見ゆ」のような終止形接続の

「見ゆ」は、「なり」と同様の助動詞と解さなくてはなりません（詳細は、拙書『日本人の知』参照）。だとすれば、一七〇一では、月が西空へと渡ってゆく姿が、二七〇では、朱塗りの小船が沖に漕ぎだしてゆくさまが、それぞれ「我《われ》」ならぬ何ものかの面前におのずからに立ちあらわれていることになります。つまり、「〜見ゆ」という文形式は、何かがある「場所」に現象しているという考えを表明するもので、この文形式が『萬葉集』に頻出するという事実は、古代の日本人が、場所の論理によって事物の在ることを見定めていたことを、端的に物語っていると申せましょう。古代の日本人は、何かが在ることを「わたし」がそれをとらえるということから切り離し、それが何らかの「場所」に立ちあらわれることと解していたと、断定してよいと思われます。「月」や「赤のそほ船」は、実体、有です。その点にのみ着目すれば、西田の無の場所の論理を、そのままこれらの事例にあてはめるのは、少々的外《まとはず》れのように見えるかもしれません。しかし、実体（有）たる事物の背後に無を置いてみたらどうなるでしょうか。その場合には、無もしくは有を含んだ無が、とある「場所」に現象するという論理が成り立つのではないでしょうか。そうなると、西田の無の場所の論理は、日本思想、文化の内質をくみとる論理になりえているといってもよいように思われます。

ただし、無は有が反転して否定転換されることによって無たりうるのであり、また有は、その真裏側の無に裏うちされて有たりうるものです。いいかえれば、有と無とは相互媒介によって、あざなえる縄のように、互いに他を予想しあっています。この転換媒介の構造に意を留《と》めるならば、無を論じ有を説くためには、どうしても両者のあいだの弁証法的関係に論及せざるをえなくなります。正反対のものどうしが相互に裏づけあいながら、一方が蔭にひそみ他方が表面にあらわれるという局面は、日本の思想、文化のいたるところに顕現するといっても過言ではないでしょう。とくに、禅や浄土教などの東洋的ないしは日本的仏教においては、この、有無の相互媒介的相互転換という事態が、随所にみとめられます。政治や倫理などではなく、宗教を哲学の究極とする西田哲学、事実、その神秘主義的とも見られる側面において、深くかつ鋭利な宗教的思索を示すこの哲学は、そのような事態をめぐって積極的に弁証法的思弁をつむぎだしてゆきます。その思弁の極致を示すのが、一連の『哲学論文集』に登場する、「絶対矛盾的自己同一」という論理でした。

5

絶対矛盾的自己同一とは、互いに相反し、いわば決定的に矛盾しあう事物が、否定媒介によって同一に帰することを意味しています。終始一貫して形而上学を、すなわち形なき一般者・普遍者の在りようについて思索する学を志向する西田は、残念なことに、絶対矛盾的自己同一をめぐって、それがどのような内実を有する論理なのかを、具体的にあきらかにしようとはしません。おそらく、西田は、有無・無有の相互転換ということを念頭に置いていたのでしょうが、かりにそうであったとしても、無とは何か、その具体相が明瞭にならないかぎり、わたしたちは、西田のめざすところを的確にとらえることができません。しかも、無は、それ自体として言表することの不可能な概念であるといわざるをえません。というのも、「無とはしかじかのものである」と語った瞬間、わたしたちは、すでに無を有となしてしまっているのであり、無のかなたへと遠ざかっていることになるからです。有を有たらしめるのは、その背後に張りわたされている無です。したがって、有と有るものに関わりながら日常をすごすわたしたちが、無を考えないということはありえないことです。

わたしたちは、日常において、つねに死と対《む》きあっています。「わたし」自身の時は、一握の砂が指の間《ま》からさらさらとこぼれ落ちるように、いずこへともなく消えゆき、互いに支えあっていたはずの他者たちは、ひとりまたひとりと、有ること、有から遠ざかって、永遠の無のただなかへと呑みこまれてゆきます。まさに諸行無常です。これを考えない人間はいないと思います。諸行無常をめぐって思念すること、そのことがまさに無について考えることにほかならないと申せましょう。したがって、わたしたちは、考える動物としての人間であるかぎり、いつもすでに無を考えていることになります。ところが、無についての思念をことばをもっていいあらわした刹那に、無は一挙にして反転し、有となってしまうのです。いかにすれば、無を無としていいあらわすことができるのか。それは、わたしたち人間にとって永遠の謎であり、西田もまた、例外でなかったにちがいありません。いかに強靭な、どれほどに鋭敏な思索者であろうとも、つまるところ無を語ることはできないのです。したがって、有無の相互媒介的相互転換という事実に着目した西田ではありましたが、それをことばによっていいあらわそうとしたとき、彼は、いっさいの具体例を離れるかのように見える、絶対矛盾的自己同一という概念を用いることしかできなかったのです。かくて、絶対矛盾的自己同一の具体化は、西田がわたしたちに遺《のこ》した課題という相貌を呈してきます。わたしたちは、いま、この課題の前にたたずんでいるようです。

しかしながら、わたしには、完全な具体化は無理だとしても、概念の指示内容に近似する形でならば、事例をあげることもあながち不可能ではないように思えます。たとえば、つぎのような例はどうでしょうか。いま、わたしが、無限の直線を示す白線のうえに立っているとしましょう。地球は球体ですから、地球のうえには原理上直線などありえないはずです。ですから、「無限の直線のうえに立っている」というのは、厳密に考えれば、わたしの錯覚にすぎません。しかし、どこまでもまっすぐにつづく白線上にいるという実感は、すくなくとも、わたしにとっての感覚的事実です。もしこの感覚的事実が多くのひとびとによって許容されるとすれば、「無限の直線のうえに立っている」というわたしの判断は、日常の次元において妥当だということになります。ここで、地球上の線は、どんなに短いものでも厳密には曲線だという事実がわたしの脳裏をよぎったならば、わたしの感覚は、無限の曲線を無限の直線ととらえているのだという認識が生じます。わたしは、理性では、その認識は誤っていると推断するでしょうが、感覚のうえでは、「曲線は実は直線なのだ」と感じることでしょう。この事例では、直線と曲線という絶対的に相矛盾するはずのものが、同一のものとして感覚されていると申せましょう。これは、西田のいう絶対矛盾的自己同一を完璧に具体化する事例とはいえないでしょうが、西田のこの独得で特殊な概念を、蓋然的にではあれ、いちおうは説明づけているのではないでしょうか。

いささか卑近すぎて、西田の深遠な哲理を説明するには適切ではないかもしれませんが、つぎのような日常的事例をあげることもできそうです。男女のあいだがらの不可解さをいいあらわすとき、わたしたちは、「嫌い嫌いも好きのうち」という俗諺《ぞくげん》を用いることがあります。常識的には、当然、「嫌いなものは嫌い。好きなものは好き」ということになるでしょう。ところが、これまでに何度か強調したように、人間の現実とは矛盾に満ちたものです。男女の互いに他に対する気持ちの在りようも、例外ではありません。「あんな男は大嫌いだ」と思うのは、たしかに嫌悪感があるからでしょうが、同時に、相手に対して強い関心があるからでもあります。男性に対してであれ、女性にむかってであれ、相手に対して何の関心もなければ、けっして「大嫌いだ」という感情が湧いてくるはずがありません。大嫌いになるほどの嫌悪感をいだくということは、相手に対して強度の関心をもっている証拠です。その強度の関心が、何らかのきっかけでこれまでとはまったく逆の感情「大好きだ」へと転換してしまうことも、けっして起こりえないことではありません。この場合、「大嫌いだ」と「大好きだ」とは矛盾的に一致することになります。西田哲学を生きる糧《かて》として信奉しておられるかたがたにとっては、あまりに卑近すぎて侮辱的にすら感じられるかもしれませんので、断定することは避けたいと思いますが、こうした事例も、絶対矛盾的自己同一の一つの具体例でありうるのではないでしょうか。

くりかえしになりますが、西田自身も自覚しているように、有無の相即的相互転換の論理としての絶対矛盾的自己同一は、ヘーゲルの弁証法に発想を得た概念であり、それ自体が弁証法的なものです。その意味で、絶対矛盾的自己同一は、形式論理に基づくどころかむしろそこからかけ離れた日本思想、文化を、その根柢から基礎づける論理となりうるように見えます。しかしながら、絶対矛盾的自己同一は、洋の東西を問わず普遍的・人類的な論理となりうる可能性を有しているものの、日本人に特有な物の見かた、物の考えかたから、若干ずれてゆく側面をふくみもっています。日本人は、仏教、わけても「諸法無我」の思想を受容したころから、「我《が》」を消すことを志向しはじめました。やがて、その志向は、日本思想、文化の核をなすようになり、現代にまでいたっています。昨年（二〇一八年）鬼籍にはいったある名優が、おなじく俳優業をしているその子息に、日ごろから「役を作ってはいけない。役が降りてきてなかにはいるのを待たなくてはならない」といっていたそうです。この発言には、「我《われ》」を主体とし中心として強引に演ずるべきではない、「我《が》」を殺して役がおのずからに「我《が》」の位置に立つことを期するべきだという考えがこめられています。このような考えがなお息づいているのを見ると、わたしたち現代を生きる日本人も、やはり「我《が》」を消すという発想をもっているといえましょう。芸術について深い造詣を有し、禅や浄土真宗にも親しんでいた西田が、「我《が》」を消すという考えかたと疎遠だったということはありえないと思われます。三十代で打坐をくりかえしていたころの西田は、「我《が》」を消すということに全力を傾けていたのではなかったでしょうか。

ところが、晩年になって彼が説いた絶対矛盾的自己同一とは、最後の一点において、「我《が》」を措定する論理です。絶対に相矛盾する事物が同一に帰するという考えかたは、弁証法的真理を明瞭に反映するもので、すくなくともわたしには批判の余地がないように見うけられます。しかし、「自己同一」という形で、有無の弁証法の帰着点に「自己」があらわれでるとすれば、たとえ弁証法の遂行過程でいったん「我《われ》」が消えるとしても、結局はまたしてもあらたなる「我《われ》」が措定されることになり、どこまでいっても「我《が》」を抹消することができなくなってしまいます。このことを鋭く看破したのが、田辺元でした。田辺は、絶対矛盾的自己同一に残留する「自己」はあくまでも「絶対無」でなければならなかったはずだ、と指摘しています（『哲学入門』など参照）。田辺の指摘するとおりだとすれば、西田哲学は、日本思想、文化の論理を構築することをめざした哲学としては、最後の段階で有としての「自己」を残してしまうがゆえに、破綻していることになります。しかしながら、西田哲学は、絶対矛盾的自己同一を説いた時点で終わりを告げたわけではありませんでした。西田は、絶対矛盾的自己同一の論理をさらにいっそうとぎすまし、最後の完成論文「場所的論理と宗教的世界観」において、「逆対応」という論理を展開するにいたりました。逆対応の論理は、日本人の宗教観、わけても浄土真宗の宗教思想の内実を、きわめて鋭利に、そして的確にとらえきるもので、日本思想、文化の論理として間然するところのないもののように見うけられます。

6

逆対応とは、まったく相反する事物、逆方向に位置づけられた事物が、相互に対応関係に立つという論理であり、絶対矛盾的自己同一と同じように、形式論理学の立場からはとうてい受け容れがたいものです。しかし、「定立→反定立→総合」という形式をとる弁証法は、相反するもの、矛盾するものの「総合」を求めます。西田の逆対応の論理においては、「総合」という契機は明確にされていないものの、それが弁証法的思考に根ざしていることは否定できないと思われます。「総合」の契機がはっきりと示されないのは、西田が「総合」を絶対無に拠るととらえたからかもしれません。西田によって逆対応とは、いわば無人称的なできごとであって、対応の結びめ（軸）を、たとえば自己（「我《われ》」）のような、特定の何かとして把握することを、西田は拒んだものと考えられます。逆対応は、日本の思想、文化をその根柢から論理化するための一助となっています。わけても親鸞の思想が、逆対応によって論理化されることは、特筆にあたいすると申せましょう。
親鸞の教説について、その要諦を簡潔に語る書『歎異抄』は、第三条でこう述べています。

善人なをもて往生をとぐ、いはんや悪人をや。しかるを世のひとつねにいはく、悪人なを往生す、いかにいはんや善人をやと。この条、一旦そのいはれあるににたれども、本願他力の意趣《いしゅ》にそむけり。そのゆへは、自力作善《じりきさぜん》のひとは、ひとへに他力《たりき》をたのむこゝろかけたるあひだ、弥陀の本願にあらず。しかれども、自力のこゝろをひるがへして、他力をたのみたてまつれば、真実報土《しんじつほうど》の往生をとぐるなり。煩悩具足《ぼんのうぐそく》のわれらは、いづれの行にても生死《しょうじ》をはなるゝことあるべからざるをあはれみたまひて、願をおこしたまふ本意《ほんい》、悪人成仏《じょうぶつ》のためなれば、他力をたのみたてまつる悪人、もとも往生の正因なり。よて善人だにこそ往生すれ、まして悪人はと、おほせさふらひき。

ここでは、通常の日常道徳、たとえば儒教道徳においては、とうてい容認されえない言説が前面に押しだされています。善人が浄土へと往生することができるのなら、ましてや悪人が往生するのは当然ではないか、といわれているのです。日常道徳では、日々みずから意識して善行をなす者が救われ、悪行をなしてはばかるところのない悪人はけっして救われはしない、と説くのが常識というものでしょう。『歎異抄』第三条は、冒頭からすでに常識を逸脱しているというしかありません。それればかりではありません。親鸞はさらに追いついで、自分の力で善行を積むような人間、すなわち善人は、阿弥陀如来の本願の対象とはならない、と断定するのです。ここでは、通常わたしたちが善悪と見なすものが転倒され、浄土への往生ということに関して、善人が悪人よりも劣ることになってしまっています。この言説を文字どおりに受けとるならば、親鸞は破戒の思想を説く破戒僧であったと解さざるをえません。承元（建永）の法難（一二〇七年）に際して、朝廷から僧籍を剝奪され、「藤井善信《よしざね》」という俗名を与えられて越後国に遠流《おんる》された親鸞は、それ以降「非僧非俗」の立場に立っていました。もはや僧でもなければ俗人でもない、つまりは何者でもないというのです。そんな親鸞にとって、「戒」を破ることなど、特段問題とする必要もないことだったのかもしれません。そもそも、親鸞を開祖とする浄土真宗は、「戒」を保てない下品下生《げぼんげしょう》の凡夫《ぼんぶ》を救うことに主眼を置く教えでした。親鸞が破戒の思想を展開する破戒僧としてみずからを位置づけたとしても、それはけっして奇怪なことでも不思議なことでもなかったように見うけられます。

けれども、『歎異抄』第三条の言説をまともに受けとめるならば、当然、悪人だけが救われるのだからできるかぎり悪をなそうという発想が生じてくるはずです。この発想が蔓延《まんえん》すれば、現世は悪人だらけとなってもいっこうに不思議ではないでしょう。しかし、わたしは、「非僧《そうにあらず》」とはいえ「俗」でもなかった親鸞が、どんなに悪を行っても自由である、といういわゆる「造悪無碍《ぞうあくむげ》」の立場に立っていたとは考えません。親鸞は、わたしたち凡夫に対して、自己の悪性《あくせい》を自覚しつつ、できればそれを抑止することを求めたのではなかったか、とわたしは思います。

ここでは細かな論証は省きますが、親鸞の目から見れば、この世には悪人しかいなかったのではないでしょうか。だからこそ、この世は「穢土《えど》」なのだと思います。わたしたち凡夫は、むさぼり（貪《とん》）、怒り（瞋《じん》）、愚かにして無知《むち》である（痴《ち》）、という三毒《さんどく》の煩悩《ぼんのう》をもった救われがたい生き物です。かりに、三毒の煩悩を捨て去って心浄《きよ》まったひとがいるとしても、そのひともまた他の煩悩まみれの凡夫たちと同様に、「仏性《ぶっしょう》」をもったさまざまな生きものを殺して食べていることでしょう。食べなければ生きられませんから、あたりまえのことです。しかし、そのかぎりにおいて、心浄まったひともまた悪人であることをまぬかれません。親鸞は、このことを鋭く見とおしていました。したがって、親鸞にとっては、いっさいの有情《うじょう》（人間）が例外なしにみな悪人であるということになります。阿弥陀仏は、こうした有情を浄土に往生させることによって救います。それは、まさに「悪人救済」ということにほかならないというのが、親鸞思想の根幹をなす基本認識だった、と申せましょう。

こうした認識を披瀝する際、親鸞は、善人と悪人という、すくなくとも日常道徳のもとでは相反する矛盾した二種の存在者を、逆対応させて同一化しています。悪人は悪人であるがゆえに、善人の地平にたって浄土への往生を約束される、というのです。いいかえれば、善人と悪人とは正反対であるがゆえに、本来互いに相容れないのですが、この両者がまさに相反するがゆえに相応ずるという考えかたが、『歎異抄』第三条にはみとめられます。同条の右のような言説、すなわち、いわゆる「悪人正機説」に、親鸞思想の核心を見いだすことについては、諸家のあいだに異論がありま す。悪人正機説は、『歎異抄』の著者、すなわち、最晩年の親鸞に近侍した水戸の河和田《かわだ》の唯円《ゆいえん》か、あるいは親鸞の嫡孫如信《にょしん》か、いずれかの思想であって、親鸞自身のものではない、というのです。しかし、これはうがちすぎた見かただというしかありません。悪人正機説が元来親鸞の師法然に由来し、法然から親鸞へと伝承されたこと、そして、造悪無碍にはしりがちな関東の門徒たちが悪人正機説を親鸞自身の教説として受けとめつつも、それを誤解したことは、歴然たる事実だからです。親鸞は、たしかに、自己の中心思想として悪人正機説をとなえました。ならば、善悪という正反対の対立しあい矛盾しあう概念が同一性（いっさいの有情）のうちに、逆対応という形で総合されるという考えかたは、まさしく親鸞自身のものであった、と断定しても何の問題もないということになります。

西田哲学の逆対応の論理は、かくして、親鸞思想の主文脈を貫いていると考えることが可能になります。このことが、「形なきものの形を見、声なきものの声を聞」こうという西田の意図とどうからんでくるのかは、判然としません。しかし、すくなくとも、西田哲学が親鸞思想というわが国において代表的な宗教思想について、その一端を説明しうる論理を提示しえていることは、否定の余地のない事実だと考えられます。親鸞思想は、仏教とくに大乗仏教の系譜に立つ宗教思想です。大乗仏教では、宗派の別を問わず、「生死即涅槃《しょうじそくねはん》」「煩悩即菩提《ぼんのうそくぼだい》」という認識が共有されています。わたしたちが、生苦、老苦、病苦、死苦、愛別離苦《あいべつりく》、怨憎会苦《おんぞうえく》、求不得苦《ぐふとくく》、五蘊盛苦《ごうんじょうく》という「四苦八苦」に責めさいなまれるこの生死の世界が、そのままただちにそれらの苦がとりのぞかれた寂静なるさとりの世界であり、また、煩悩まみれの醜劣な在りようのままでわたしたちはさとりを得ることができる、と大乗仏教は説くのです。生死の世界が即涅槃であり、煩悩まみれであることが即菩提を意味するといわれても、だれしもにわかには信じられないだろうと思います。生死の世界を捨て果ててこそはじめて涅槃に到達することができる、煩悩を断滅してこそようやく菩提を得ることが可能になる、というのがわたしたちのごく常識的な発想というものでしょう。ところが大乗仏教は、この常識をくつがえしてしまうのです。西田哲学は、生死と涅槃をむすびつける即、煩悩と菩提を一致させる即を、逆対応と名ざしているのではないでしょうか。生死の世界と涅槃とは正反対の位置にあります。煩悩と菩提も百八十度異なるというべきでしょう。これらのまったく相反する二つのものが、相反するがゆえに一《いっ》に帰することをあらわすのが即であり、この即は、まさに逆対応の論理によって説明づけることが可能です。ならば、西田は、最後の完成論文「場所的論理と宗教的世界観」にいたって、日本思想、文化の源泉ともいうべき大乗仏教を、独自に論理化することに成功したといっても、けっして過言ではないと考えられます。

西田哲学の主眼とするところを、日本思想、文化に論理ないしは論理学を与えることとのみ解するかのようなわたしの見かたに対しては、おそらく異論が投げかけられることでしょう。新カント派の哲学やヘーゲル、マルクスなどの西洋哲学の巨峰との峻厳な対決をとおして確立された西田哲学は、東洋思想や日本思想の文脈のなかに限定的に位置づけられるべきではなく、より広く、西洋を中心とする世界哲学のなかで独創的な論脈を形成するものと見るべきではないかと考えられるからです。たしかに、西洋においてほとんど論じられることのなかった「無」をとりあげ、それを、東洋的にではなく、西洋哲学的な文脈（文体）をもって語りぬいた西田哲学は、一つの地域や国、民族の内部に押しこめられるべきものではなく、むしろ、世界水準の先端を占める哲学として評価されなければならないでしょう。わたしは、けっして西田哲学の世界へと開かれた相貌をないがしろにしているわけではありません。ですが、わたしは、西田があのように、「論理」ということにこだわりつづけた理由を、現代の視点から問うことに怠慢であってはならないと思います。「哲学」(philosophia) とは、西洋の学問であり、東洋世界にそれに類するものを見いだすことは至難です。この学問において普遍性を求めることは、西洋的な意味でのそれを追求することにほかならないといってよいでしょう。ならば、哲学者として自己を西洋の思潮のなかに位置づけようとするかぎり、西田には、ことさらにあらたな論理、独自の論理をきりひらこうと努める必要などなかったはずだと考えられます。西洋にはすでに、プラトンの問答法（弁証法）、アリストテレス論理学（形式論理学）、ヘーゲルの観念弁証法、キルケゴールの逆説弁証法、マルクスの唯物弁証法などがあり、西田はこれらを利用すればそれでよかったはずです。にもかかわらず、『善の研究』のころから没年の未完成の論文「私の論理について」にいたるまで、西田が一貫してあらたな論理、独自の論理を求めつづけたのは、彼が自己の哲学を、西洋哲学とは別の文脈のなかに位置づけようと企図していたからではなかったでしょうか。別の文脈、それは、日本思想、文化の文脈だったといってよいと思います。この文脈のなかで、系統的かつ体系的に思索しようとするかぎり、西田はどこまでもそれまでになかったあらたな論理、独自の論理を模索してゆかなければなりませんでした。なぜなら、西田以前の日本思想、文化は、みずからを西洋哲学の文脈のなかに投じいれて、それと伍することができるような論理をもたなかったからです。すでに存在する（既存の）論理を分析し考究する論理学者。西田は、そのような意味での論理主義者たることに甘んじることができませんでした。彼は、いまだに存在しない論理の開拓に全霊を賭するという意味での論理主義者だったのです。

西田哲学には多くの愛好家がいます。西田が京都大学教授時代に散策した、南禅寺近辺の道は、愛好家たちによって「哲学の道」と名づけられ、いまもなお多くの観光客を集めています。生誕の地能登には西田の業績とその人間像とを讃嘆する記念館が建てられ、そこでは毎月のように、西田哲学と西田の境涯に関する記念行事が開かれています。西田哲学の名は、ある程度の知的水準に達した日本人であれば、だれもが知るところとなっていると申せましょう。近年、海外でも西田哲学に関するいくつものシンポジウムが開催されていることに着目するならば、いまや西田哲学は、単に日本の至宝にとどまるものではなく、国際的な哲学としての地位を不動のものとしているといっても過言ではないでしょう。

しかしながら、西田幾多郎という名や、西田哲学という学問上の呼称は、一般に広く知られるようになったものの、西田哲学の内実は、あまりよく知られていないように見えます。西田哲学には、愛好家のみならず、多数の研究者がいます。研究者たちは、西田と西田哲学に関して、微に入り細をうがつ研究をしています。けれども、西田哲学を西田特有の術語・用語を駆使しつつ分析してゆく彼らの研究は、西田哲学を日常の生活者たるわたしたちにも理解可能なものとすることには、いまだにあまり寄与していないように思われます。彼らが引用し説明する西田は、ほかならぬ西田の地の文以上に、晦渋にして難解なものです。なぜそうなってしまうのでしょうか。わたしには、その原因は、研究者たちが、西田の論理主義について、その本来の意図を十分にとらえきっていないことのうちにあるように見えます。この点を勘案するならば、いまわたしたちがなすべきは、西田の論理主義をきわだたせ、それが日本の伝統思想、伝統文化を一貫した形で説明づけようという志向によって生み出されたということを、あらたに確認することではないかと思われます。

ただし、このことは、西田の論理ないし論理学が、ヘーゲルの弁証法論理がキリスト教思想の論理となりえたように、日本思想、文化を裏づける論理たりえているかどうかということとは、あきらかに別問題です。初期の純粋経験や、中期の場所の論理、あるいは後期の絶対矛盾的自己同一などは、そのような「裏づけ」として、かならずしも十全な機能をもつものではありませんでした。初期から後期にいたる西田の論理主義は、なかば成功しつつも半面では失敗に終わっているといわざるをえません。目下の段階では、最晩年の逆対応の論理こそが、すくなくとも日本の宗教思想の論脈をあぶりだしているという意味で、みごとな成功をおさめていると考えられます。

しかしながら、もしわたしたちが、たとえば親鸞思想をよりいっそう深く追った場合、その成功もまた十分なものではないように見えてきます。一例をあげれば、親鸞の「三願転入《さんがんてんにゅう》」説には、行き着きもどり、また行き着いてそしてもどるという、複雑このうえもない往還《おうかん》運動がみとめられます。一回かぎりで終息する逆対応の論理をもってしては、この往還運動の意味するところを的確にとらえきることができません。この点に着目するかぎり、西田の論理主義には限界があるといわざるをえません。では、いったいどうすれば、わたしたちはその限界をのりこえて、さらなるあらたな論理の地平に立ちうるのか。つぎに、西田にまさるとも劣らぬ熱意をもって、論理の構築ということにとりくんだ哲学者、田辺元に即しながら、この問題を考えてみたいと思います。

その際、一点注意を傾けておくべきことがらがあります。それは、田辺哲学が西田哲学に対する批判をとおして確立されたものでありつつも、哲学形成の際に基礎概念の多くを西田哲学からひきついでいる点です。田辺は、峻烈なまでの西田哲学への批判者でした。ですが、それは、田辺が西田哲学を全面的にしりぞけて、ただ独自性にのみ貫かれた新奇な哲学を編みだしたことを意味するわけではありません。田辺は、西田の批判者であると同時に、その継承者でもあったというべきでしょう。概念を承《う》けつぐということは、一面において、その概念にまつわる思念を虚心に受けとめることを意味しているからです。

第二章　田辺哲学と親鸞思想

1

田辺元《たなべはじめ》は、科学哲学の研究者として出発しました。その業績を西田幾多郎によって認められ、東北大学から京都大学へと招かれて以後、田辺はカントや新カント派の哲学を学びましたが、いまだ独創的な哲学をうちたてるにはいたらず、西田哲学を継承しつつ西洋哲学を祖述する一哲学研究者というのが、四十歳代前半ころまでの彼の立ち位置でした。ところが、一九三〇年、四十五歳になった田辺は、『哲学研究』に、「西田先生の教を仰ぐ」という論文を発表し、当時円熟期を迎えていた西田哲学への批判を試みました。その論文において、田辺は、西田の現象学批判が現象学の本質を見誤るものであること、中期西田哲学の核ともいうべき「無の場所」の論理が寂静静思の神秘主義にほかならないことなどを、厳しく指摘しています。西田の現象学理解がいささか精確さを欠くことは事実ですし、また、「無の場所」の論理が、無のただなかに無が立ちあらわれると主張するものであったとすれば、そこに神秘主義的な傾向があると見ることは、けっして不可能ではありません。けれども、田辺は、西田の真に意図するところが、日本思想、文化に独自の「論理」を与えるという点にあったことを的確に理解しておらず、そのため、彼の西田批判は透徹したものにはなりませんでした。田辺は、ほどなくこのことに気づいたのでしょう。彼はいったん西田批判の矛をおさめて、ヘーゲル弁証法の研究へとむかいます。

当初、田辺は、カントの超越論（先験論）的哲学に拠って、ヘーゲルを批判することをめざしたようです。ところが、ヘーゲルを深く学べば学ぶほど、田辺は、ヘーゲル弁証法が、矛盾に満ちた人間的現実をくみとる実践論として意義深いものであることを認識せざるをえなくなります。ヘーゲル研究を押し進める過程で、田辺は、まるでミイラとりがミイラになってしまうように、みずから弁証法に基づいて思索することをつねとするにいたります。ヘーゲル研究の集大成ともいうべき『ヘーゲル哲学と弁証法』を上梓して以後、その最晩年にいたるまで、田辺は、一貫して弁証法論者でありつづけました。彼は、弁証法以外のいっさいの論理を、哲学の方法とは認めませんでした。彼の最晩年の思索は、ハイデッガー哲学との対決に終始するものであったといっても、けっして過言ではありません。その対決は、ハイデッガーの解釈学的方法と自身の弁証法的方法とを対峙させ、前者に対する後者の優位を強調するという形をとるものでした。けれども、田辺は、ヘーゲルを信奉しヘーゲルの語るところをすべて是《ぜ》とするヘーゲル主義者であったわけではありません。『ヘーゲル哲学と弁証法』の時点で、彼はすでにある意味でヘーゲルと袂をわかっています。

ヘーゲル弁証法は、現実世界の矛盾をすくいとる論理であり、その実践論としての有効性には否定しがたいものがあります。しかしながら、『精神現象学』などで、絶対精神（絶対知）の自己展開の過程として弁証法を呈示するとき、ヘーゲルは、すべてが絶対精神（絶対知）から派生するという、一種の「発出論」におちいっています。発出論は、プロティノスの、「一者からの流出」論がそうであったように、弁証法を、一回かぎりで終息する自足運動にしてしまいます。ヘーゲルにおいては、すべては絶対精神（絶対知）から発出し、やがて絶対精神（絶対知）へと還帰するのです。田辺は、このことを鋭く認識していました。本来、無限の運動過程であるはずの弁証法が、一つの円環のなかに収束されるとすれば、それは、弁証法論理が弁証法論理そのものを裏切っていることになる。田辺はそう考えました。

かくして、田辺は、ヘーゲル弁証法に代わるあらたな弁証法を、すなわち、「絶対無」に根ざした無限の螺旋的循環運動としての「絶対弁証法」をうちたてるにいたります。そして、田辺は、この絶対弁証法を基軸とする独自の哲学、「種の論理」を構築してゆきます。種の論理とは、社会と個人との関係を、ひいては、社会の在りようと個人の在りようとを、現実的かつ実践的に解明しようと意図する哲学であり、形而上学への志向を濃厚にもつがゆえに思索の主体がそこへと投げだされて在る現実世界とは無縁なものとなりがちな西田哲学に対して、一線を画するものでした。西田哲学にも、「社会」をめぐる言説は見いだされます。西田が自身がそこにおいて生きる現実社会に対して、何の関心もはらわなかったと考えるのは、おそらく失当以外の何ものでもないでしょう。しかし、西田は終生、現実的・具体的に考えるということのなかった哲学者だったといっても過言ではないと思います。晩年の『日本文化の問題』には、わずかながら日本の歴史に関する具体的な記述がみとめられるものの、それは、当時の初等・中等教育で使用されていた歴史教科書の水準を大きくこえるものではありませんでした。西田以前の思想家たちのあいだにも、社会と個人との関係をめぐる論理的で具体的な考究が見あたらない点に着目するならば、田辺の「種の論理」こそ、わが国最初の社会存在論であり、個人存在論であったといってよいでしょう。では、その最初の社会存在論、個人存在論とは、いったいどのようなものであったのか。本章では、まずその点に論及したいと思います。ただし、田辺の論説は、西田のそれと同等もしくはそれ以上に難解をきわめます。田辺の論ずるところを田辺自身の術語・用語を用いて説明することは、できるだけ避けるべきでしょう。もとより、田辺の主要概念をいっさい使わずに説明することは不可能ですが、わたしはわたしなりの具体例を用いて、可能なかぎり田辺の真意に接近してゆきたいと思います。

2

田辺の種の論理の初発を告げるのは、一九三四年から一九三五年にかけて公表された論文「社会存在の論理」であり、それは、漸次彫琢を加えられつつ、一九三七年の論文「種の論理の意味を明にす」において、いちおうの完成態を示します。その後さらに、一九三九年には、「国家的存在の論理」が書かれ、アジア・太平洋戦争終結直後に、『種の論理の弁証法』が上梓されていますが、さしあたって、これらの論文や著書は念頭に置かないことにします。前者は、後述のように、国家の絶対化ということをめぐって、別途論ずるべき問題をはらんでおり、後者は田辺の代表作『懺悔道としての哲学』を踏まえなければ、とうてい理解のおよばない書だからです。「社会存在の論理」以下、「種の論理の意味を明にす」までの一連の、いわゆる「種の論理論文」（全集第六巻・第七巻）で、田辺はおよそ以下のように説きました。

田辺は、わたしたち個々人を「個」とよび、「個」が集団を形成しつつそこに在るところの共同社会を「種」と名ざします。そのうえで田辺は、「個」と「種」とを媒介総合する、「種」をこえた社会を「類」とよびます。重々注意すべきは、田辺がここで意識しているのは、アリストテレス論理学にいう「類・種・個」でもなければ、生物学における分類項としてのそれでもないという点です。アリストテレス論理学や生物学の分類に引きずられると、田辺の論理は、理解の埒外に遠ざかってしまいます。その場合には、かりに一面的に理解できたとしても、「田辺は、人類が種族にわかたれ、さらに個人にまで分岐するといっている」といったような、途方もなく粗笨《そほん》な解釈をしてしまうことにもなりかねません。田辺は、類・種・個が、それぞれ絶対弁証法的に成り立つと考えます。田辺によれば、三者は互いに媒介しあう関係にあり、媒介なき類・種・個などというものは存在しうるはずもありません。しかしながら、前章でヘーゲルの弁証法論理に論及する際にも述べたように、人間は、何らかの事物を眼前の直接態として立てないかぎり、思索を展開できないという精神構造をもった存在者です。田辺の絶対弁証法の場合も、例外ではありません。類・種・個の関係が、始点もなければ終息点もない、無限の螺旋形運動をくりひろげると解するとしても、何かを考究の始点たる直接態としないかぎり、その解釈は宙に浮いて分解してしまうのです。田辺は、むろんこのことを、はっきりと自覚していました。彼も、ヘーゲルと同様に直接態を措定します。それが種でした。

　種、すなわち共同社会がすべての起点になるといわれても、多くの現代人はそれを素直に認めることができないでしょう。わたしたち現代人は、欧米の思想や政治を範として日常生活を営んでいます。文化的な面でも、欧米からの影響には多大なものがあると申せましょう。文化的に遅れた日本人は、早急に欧米の文化を受容し、それを咀嚼《そしゃく》することによってみずからを鋳《い》直さなければならない。そのように主張する明治期の欧化主義から、いまだに完全に脱却できていないのが、わたしたちの現状だといってもよいでしょう。日本の大学では英語で講義や演習を行うべきである。そのように主張する大学人や、いわゆる「識者」たちの声を耳にすると、わたしは、「いつからこの国は植民地になってしまったのだ？」と、思わず笑ってしまいます。しかし、明治以来の欧化主義の流れを念頭に置くならば、そのような珍妙な大学人や「識者」たちがあらわれるのも、そして彼らの奇怪な言説に共感する民衆がいるのも、なかばいたしかたのないことのように思えてきます。わたしたちは、基本的に欧米語の文脈に基づいた教育を受けてきました。英語はもとよりのこと、国語や漢文を除いたほとんどすべての教科の教育が、欧米語の翻訳・翻案をもとに編まれた教科書を範として行われています。そのような教育を受けてきたわたしたちの脳裏には、おそらくは中途半端な形で、欧米の個人主義がきざみつけられています。そんなわたしたちは、社会と個人の関係について、まずはこう考えます。社会に先立ってまず第一にわたしたちの個というものがあり、その個が相互にからみあいながら集団を形成することによって、はじめて社会が成り立つのだ、と。先在するもの、つまり直接態は、あくまでも個人だという次第です。しかし、こうした考えかたは、実は偏頗《へんぱ》なものでしかありません。わたしたちは、ほかにだれもいない場所に、他者とは何の関係ももたず、たった一人で生まれてきた、とでもいうのでしょうか。そのようなことはありえないはずです。わたしたちは、他者たちが織りなす関係の網の目のなかに、あらかじめすでに他者たちと関わりあいながら、この世に生をうけるのです。ならば、先立つものは、関係の総体、すなわち共同社会にほかなりません。こうまで述べてもまだ個が先だと主張するかたがたに対して、つぎのような例をあげておきましょう。

わたしたちは、ほぼ例外なしに、産婦人科の医院か総合病院かで生まれたはずです。産婦人科の医院、総合病院は、共同社会的存在にほかなりません。そこには、医師や看護師、薬剤師や事務担当者などがおり、彼らはわたしたちが生まれる以前から、すでに複雑で多様な関係を営んでいました。わたしたちは、そのような関係性のただなかへと生まれ落ちたのです。このことをよくよく熟慮するならば、個に対して種が先行すること、先在することは、自明だとすら申せましょう。わたしたちのなかには、自分は産院で生まれたのでもなければ、母親の実家で生まれたのでもない、母ひとりによってひそかに生み落とされたのだ、というひとがいるかもしれません。ですが、そのようなひとの場合でも、やはり人間どうしの関係が先立っていると断言できます。なぜなら、そのひとは、生まれる前からすでに母親と深く関わっていたのであり、しかも、母親は、何らかの形で他者とのあいだに関係をむすんでいたと考えざるをえないからです。わたしたちの出生にまつわる以上のような具体例に目をとめるだけでも、田辺の説くように、種が個に先立つことは明白であると断言できます。

田辺によれば、先行し先在する種は、個をかかえこんでいます。個が種のうちにかきいだかれ、そこにやすらっているかぎりでは、何の問題も生じません。種のなかの最小単位は家族です。家族のうちでは、父親や母親がしつけという形で子どもを教育します。その際、父親や母親のことばや行動は、家族の規範となることでしょう。子どもがこの規範に対して何の疑問ももたないならば、家族という種は、それ自体のうちに収束し、種以外のいかなる形の存在をも求める必要がないことになります。しかし、実際にはそうはゆきません。子どもは、すこしずつ成長し、保育園や幼稚園を経て、やがて小学校に通学するようになります。このころになると、子どもは、家族の規範とともに、学校内のさまざまな規則や風習を規範として強く意識せざるをえなくなってきます。そのとき、もし、学校の規範のほうがより重要だと判断したとすれば、子どもは、相対的に家族の規範を軽視するようになります。ここで、子どもという個と、家族という種とのあいだに、対立・葛藤が生じます。

子どもという個も、家族という種も、この対立・葛藤を放置しておくことはできません。個と種、種と個の対立はのりこえられなければなりません。のりこえは、ただ弁証法的にのみ可能となります。弁証法的のりこえは、種・個を種・個そのままの姿でつつみこむ第三の存在態を総合体として措定することによって果たされます。その総合体を田辺は類と名ざします。家族（種）と子ども（個）の例では、類は、隣近所や村落共同体などになるはずです。家族（種）と子ども（個）は、そうした類につつみこまれる形で、互いの対立関係を無事に終息させることができるでしょう。ところが、隣近所や村落共同体などの類は、永続的に類のままにとどまることができません。類はそれ自体のうちに規範をふくみもっており、その規範が個を規制し、あるいは抑圧するとき、類はつつみこむものとしての相貌を失って、種と同一の存在態へと変容してしまいます。田辺は、この変容を類の種化とよびます。

このようにして種へと転化した類は、直接個を縛ってゆきます。個がこの縛りを強制ととらえて、これに強く反撥するとき、またしても種・個の対立・葛藤が生じます。それをのりこえるためには、今度は町や市などを類として立てる必要がでてきます。この場合の類、あらたなる類は、しばらくは種・個の対立関係を止揚する総合体としての機能を果たすことでしょう。しかし、それもまた、いつまでも類でありつづけることができません。このあらたなる類も、その内部に強制的規範をふくみもつことによって種へと転化し、やがて個と対立するにいたります。かくて、社会内存在としての人間と、それをつつむ共同社会は、「種→個→類→種→個→類→種……」という転換運動の過程を、どこまでも無限に歩みつづけることになります。田辺の種の論理とは、このような無限の弁証法的動態を名ざすものだと申せましょう。この弁証法的動態には、終着点がありません。地球規模の人類共同体（世界国家）が、いちおうの終着点のようにも見えます。ですが、無限の宇宙に地球外知的生命体の存在が予測されるかぎり、そのような見かたが絶対に正しいと断定することはできなくなってしまいます。さらに、媒介なき事物の存在を不可能とする田辺の論理によれば、この弁証法的動態は、始源としての出発点をもたないと考えざるをえません。右に掲げた例に即していえば、家族という種の前には、かならず、あらかじめ何らかの類が予想されていなければならないということになります。たとえば、父親や母親のそれぞれの親族といったようなものでしょうか。こうして、田辺の種の論理は、厳密には「……種↓個↓類↓種↓個↓類↓種……」という図式をもってあらわされるべきもの、ということになります。

ここにいたって、田辺が発出論的に自己完結するものと見なすヘーゲル弁証法と、種の論理、ひいてはそれを根柢から支える絶対弁証法との違いがあきらかになります。田辺によれば、ヘーゲル弁証法は始発点をもち、螺旋状に運動をくりかえしはするものの、やがて絶対精神（絶対知）やプロイセンの市民社会などをもって終息点とします。ヘーゲル弁証法、すなわち観念弁証法は、いわば自閉的体系を志向するのです。これに対して、田辺の絶対弁証法は、どこまでも体系化を拒絶しつづけて、無限のかなたへと開かれてゆく思考の論理だったと申せましょう。

ところが、一九三九年の論文「国家的存在の論理」において、田辺は、国家を「絶対無の基体的現成《げんじょう》たる応現《おうげん》的存在」として絶対化してしまいます。少々難解な表現であり、そこから田辺の真意をくみとることは容易ではありません。わたしには、「基体的」とはどういうことをさすのか理解できません。したがって、わたしの読解力をもってしては十全な解釈は不可能に近いというしかありません。けれども、田辺のいいたいことの概略は見当がつきます。ごく簡潔に田辺の真意を要約するならば、国家とは、絶対無が社会の現実のなかにいま立ちあらわれて在る、そのすがたということになるでしょう。絶対無とは、本来、有（存在）にまつわることばをもってしては表現することのできない、いわば、現実の有（存在）・無（非存在）をまさに有・無たらしめている根源（原拠）のようなものをさすのだと考えられます。それを言表することが可能か否かは別として、田辺が絶対無を、相対者をそれとして在らしめる「絶対」の原拠ととらえていることだけはたしかです。その「絶対」がそのままここにいま現成《げんじょう》したものそのものが国家だとすれば、国家とは何ものもそれを動かすことができない絶対者にほかならないことになります。

たしかに国家は、その国民に対して絶対的権能を保持することでしょう。民主主義国家においてすら、多数者の意思が絶対的権力として個々の国民に迫りきたることは、否定しえない事実です。田辺は机上の空論どころか、現実を冷徹に見きわめる現実的な国家観を披瀝しています。しかしながら、このような形で国家をとらえてしまうと、田辺の種の論理、ひいては絶対弁証法は、自己完結的で自閉的な「体系」とならざるをえません。本来、「……種↓個↓類↓種↓個↓類↓種……」という図式をもってとらえられるはずだった田辺の絶対弁証法は、ヘーゲル弁証法と同様に、一回かぎりの「種↓個↓類」という図式に基づく有限なる体系の論理と化してしまうのです。体系を拒絶する無限の弁証法が、体系構築を企図する有限の弁証法を導く。これは、あきらかに田辺の矛盾です。弁証法は、矛盾を矛盾であるがままに一つの総合へと高める論理ですが、だからといって矛盾律を破ることを許されているわけではありません。矛盾律に抵触する弁証法は、おそらく詭弁にすぎません。したがって、田辺のこの矛盾は、彼の絶対弁証法と、それに根ざした種の論理を、根柢から瓦解させてしまうことになります。田辺はなぜこのような事態に立ちいたってしまったのでしょうか。

理由は、「国家的存在の論理」が書かれた、一九三九年ころの時代状況に求めることができそうです。一九三九年、ナチスドイツはポーランドに侵攻し、これを黙過できなかった英仏がドイツに対して宣戦布告することによって、第二次世界大戦が勃発しました。当時日本は、中国とのあいだの全面戦争に突入しており、国内では厳しい言論統制が敷かれていました。その後のナチスドイツの電撃戦に幻惑された日本の軍部は、行きづまりを見せていた中国との泥沼のような戦争を打開すべく、さらにあらたな戦争を模索しようとしていました。「バスに乗り遅れるな」という標語のもと、ナチスドイツとの同盟を求めようとする軍部と、その意を体した政府は、万世一系の天皇《すめらみこと》の統治する大日本帝国が、万邦に比類なき至上にして絶対なる国家であると喧伝し、国民の戦意を煽っていました。国民、とくに知的教育の恩恵に浴していない一般大衆は、国粋主義の波にさらわれて、ひたぶるに戦意高揚への道を歩んでいました。万邦に無比なる神国日本が戦って敗れるはずがないと信ずる一般大衆は、戦争にむかってひた走る政府・軍部を全面的にあとおししていたといっても過言ではないでしょう。

　このような風潮を、田辺がまったく無批判に容認したとは考えられません。命がけで、政府の科学政策を論難したことすらある田辺です。洋の東西の思想・哲学を広くかつ深く学び、科学的先進国たる米英の国力を正当に評価していたであろう彼は、政府とその国民が今後たどってゆく道に危惧の念をいだいていたことと推察されます。しかし、不幸なことに、ひたぶるに形而上学を志向する西田哲学を静観諦視の「寂静主義」として鋭く批判した田辺は、みずからの哲学に実践的性格を与えなければなりませんでした。自身がそこに置かれた国家の現状をくみとりえないようでは、実践の哲学は成り立たない。田辺は、そう考えてしまったのではないでしょうか。そう考えたがゆえに、彼は、国家を絶対無の立ちあらわれとしての至高存在と見なし、国家への随順をもって種の論理の最終目標としたように見うけられます。だとすれば、その初発のころの意図はどうであれ、結果として、種の論理は国粋主義にのみこまれてしまった、といわざるをえません。結果論ではありますが、田辺にとって、種とは日本国民（皇民）の仮名であり、個、類とは所詮個々の皇民と万世一系の天皇を神として仰ぐ大日本帝国の謂《いい》にすぎなかったのです。

　要するに、当初は、社会における人間存在の意義を普遍的視座から考究する哲学であった種の論理は、「国家的存在の論理」において、突如、大日本帝国にのみ寄与する狭くかつ小さなイデオロギーへと変貌してしまった、ということです。このことは、田辺哲学の欠陥をあらわにしています。けれども、他方では、その、偏狭なイデオロギーへの転化は、土俗性を色濃く宿すことによって、ある可能性をおしひらいているようにも見えます。そもそも、種の論理は、村落という土俗の共同体を視野にいれるものでした。土俗の共同体を欠いた、田辺の時代の欧米先進諸国や現代の日本に、この論理をあてはめることには無理がありました。田辺は、その視野を同時代の大日本帝国を対象とするものとして限定することをとおして、その無理筋をたくみに回避していると見ることもできます。「国家的存在の論理」において、たしかに田辺の種の論理は挫折しました。けれども、その挫折を介して、田辺は、くしくも、大日本帝国の思想、文化を論理づける方途を得たのでした。

もとより、大日本帝国の思想、文化と日本の思想、文化とは同一であるわけではありません。大日本帝国の思想、文化は、日本の思想、文化の一面を切りとり、それを極端に肥大化させることによって成ったものです。田辺は、大日本帝国の思想、文化に論理を与えることには成功したものの、すくなくとも、「国家的存在の論理」の時点での種の論理に関するかぎり、日本の思想、文化を論理化することができたとは、とうてい考えられません。田辺は、このことを自覚していました。アジア・太平洋戦争の勃発後ほどなくして、日本人に懺悔が必要であることを説きはじめた田辺は、敗戦の前年に行われた京都帝国大学での最終講義を、「懺悔道」と銘打っています。みずからの種の論理とその根柢にある論理主義が誤っていたという認識は、すでに一九四四年の時点でかためられていたと見てよいでしょう。戦争末期から敗戦直後にかけて、田辺は最終講義「懺悔道」に肉づけをほどこした書、『懺悔道としての哲学』を書きつぎました。わたしの見るところでは、この書は、大日本帝国の思想、文化の論理化をはるかにこえて、日本の思想、文化、わけても、その中核ともいうべき親鸞の宗教思想に、独自の論理を与えようとくわだてるものだった、と思われます。

3

一九四六年に公刊された『懺悔道としての哲学』の序文によれば、戦局が次第に悪化し、国運ますます衰微するさなか、ときの政府は無為無策にして、ただ言論統制を強めるばかりで何の打開策もうてなかったといいます。田辺は、官立大学の教授としてこれを黙過することは怠慢であり、直言をもって政府を強く諫めるべきだと考えます。しかし、戦争のさなかにそのような言論を公にすることは、内外にむかって国論の不統一を暴露することにつながってしまうのではないか、という危惧の念も生じました。諫言すべきか否か。田辺は二律背反の苦悩に責めさいなまれ、この程度の苦悩をうちはらうことができないようでは、自分は哲学者として失格なのではないかという思いにとりつかれます。哲学のような高い仕事は己れの任ではない、まして、哲学教師としてひとを教え導くことなど思いもよらない。そう考えた田辺は、心が千々に乱れる、いわば七花八裂の情態のなかで、哲学をうちすてることを決意したとのことです。

田辺は、自己の無力を徹底的に懺悔し、その懺悔の底に己れ自身を放擲《ほうてき》したのでした。自分のような無力きわまりない者には、哲学はおろか、理性に根ざした仕事は何一つとしてなすことはできない。そのような絶望感にうちひしがれていたとき、ふと気づくと、田辺の内面に奇妙な現象が起こっていました。どうせ何もできない、決定的に無力な自分だという想いの底から、もはや理性の営みとはいえない哲学、すなわち、「哲学ならぬ哲学」が湧き起こってきたのです。田辺は考えました。この「哲学ならぬ哲学」とは、懺悔において己れを捨てさった者の哲学なのだから、それはもはや「わたし」の哲学ではない、懺悔が哲学するのだ、と。

自己の営みではない懺悔の哲学。それは、「我《が》」を消した哲学ともいうべきでしょうか。「我《が》」が主体ではなくなっている哲学、すなわち「我《が》」を消されている哲学とは、いわば「無我」を主体とする哲学です。それは、もはや理性に基づく推論を事《こと》とする哲学ではないはずです。田辺によれば、彼の理性は七花八裂の様相を呈し、換言すれば、空中分解していたといってもよいでしょう。はたして、理性なき哲学、無我の哲学などというものが可能なのかどうか、わたしにはわかりません。しかし、田辺は、いったん理性の底に死んだ自分のあらたなる務めは、この「哲学ならぬ哲学」を遂行することだ、といいます。しかも、田辺は、この「哲学ならぬ哲学」を、親鸞の懺悔の教えに導かれるものととらえ、「懺悔道としての哲学」と解します。もっとも、田辺は、親鸞思想を祖述しつつそれを解釈しようと意図したわけではありません。親鸞の教えに根ざし、親鸞が示した懺悔の道を踏み歩むことをとおして、自己の哲学をこれまでとはちがったまったくあらたなよそおいのもとに再構築しようというのが、田辺のめざすところでした。「哲学ならぬ哲学」、「我《が》」を消しさる哲学は、日本思想、文化の根柢に接触するように見うけられます。田辺の眼前には、日本思想、文化に固有な論理をきりひらく可能性が、厳として存在していたと申せましょう。

ところが、ここに奇妙な事態が起こります。

田辺がめざしたのは、まず第一に、カントの理性批判を批判することでした。カントは、人間が事物の認識に際して使用する純粋理性（理論理性）を批判的に検討し、それが現象の理解に資するものではあっても、現象を成り立たせている原拠ともいうべき物自体をとらえるものとはなりえないことを、あきらかにしました。カントはさらに、人間が道徳的行為を行う際の理性たる実践理性にも着目し、つまるところ実践理性は、神、自由、魂の不死を要請しないかぎり、道徳的行為を円滑におし進めることができない、という認識に達しました。カントは、理論面と認識面の両方から、理性の権能とその限界とを追尋《ついじん》したわけです。カントの理性批判は、彼以前のいかなる哲学者のそれにもまして、委曲をつくしたものといえましょう。

しかしながら、田辺は、理性批判ということに関して、カント哲学は透徹した姿をとっていない、といいます。田辺によれば、カントの理性批判は、批判を行う理性そのものを批判するものではない点に問題がある、というのです。田辺は、批判する理性を批判するという精神の在りようを「絶対批判」と名ざし、これをみずからの「懺悔道としての哲学」の根本方法たらしめようとします。

批判する理性を批判する試みは、さらに、批判する理性を批判する理性を批判するという形で、無限遡行をひきおこします。おそらく、田辺は、この無限遡行を避けるために、自身が提示する理性批判に、「絶対」という名を冠したのでありましょう。田辺のくわだてに大きな無理はないと思います。絶対の無を背景とするであろう絶対批判が、批判する理性を批判的に検証しうるならば、その段階で、理性批判はいちおうの完成に達するからです。けれども、この絶対批判という手法に基づいて、『懺悔道としての哲学』が踏み行う、西洋哲学との対決とそれへの批判は、批判の原点から逸脱しているように見えます。

田辺は、カントやパスカル、ニーチェ、ハイデッガーなどをとりあげ、絶対批判の立場から、彼らと峻厳に対峙しつつ、彼らの哲学に内在する難点を鋭利に探りだしてゆきます。それらの難点をのりこえることが、田辺が企及するあらたな哲学、すなわち「哲学ならぬ哲学」をきたえあげるうえで、重要な意義をになっていたことは、けっして否定できないと思います。けれども、田辺の懺悔道哲学の原点（起点）は、「凡愚《ぼんぐ》私の如きもの」という自覚、すなわち、自分は理性の権能から遠くへだたった無力なる者で、自力では何もなしえないという自己認識であったはずです。このような自覚に立っているはずの田辺が、自己の理性を駆使し、弁証をたくましくして、西洋哲学の巨峰と正面から対決してゆく姿は、すくなくともわたしの目から見るかぎり、異様というしかありません。これは奇妙な事態だ、とわたしは思います。ただし、この奇妙な事態は、『懺悔道としての哲学』が後半に近づくにつれて、次第に消えさってゆく方向にむかいます。同書後半部の田辺は、親鸞思想、わけてもその中核をなす「三心釈《さんじんしゃく》」と「三願転入《さんがんてんにゅう》」とに、独自の論理をもたらそうとくわだてています。この困難きわまりないくわだてに身を投ずるために、田辺は、その下準備として、自身の理性ならぬ理性を純化しかつ鋭利なものとする必要があり、それゆえに、西洋哲学の巨峰と対峙する道をとったのではなかったか、と推察されます。

仏教は、生死の苦からいかにして解脱すべきかを、冷静な思惟のもとに知的にとらえてゆこうとする教えです。それは、情の世界よりもむしろ智の世界に足場を置く教説だと、申せましょう。親鸞の場合も例外ではありません。主著『教行信証《きょうぎょうしんしょう》』（顕浄土真実教行証文類《けんじょうどしんじつきょうぎょうしょうもんるい》）信巻の「三心釈」や同書化身土巻の「三願転入」などは、複雑にいりくんだ知性によってうちたてられた教説であり、これを自己の理解の枠組みにおさめとろうとするならば、理解をめざす者は、自身の知性を徹底的にみがきぬかなければなりません。『懺悔道としての哲学』の田辺は、西洋哲学の巨峰と真正面から対決することをとおして、みずからの知性をみがき、それをもって、三心釈、三願転入を論理化するための糧《かて》としたのだ、と申せましょう。では、三心釈、三願転入とは、どのような思想を表明するものなのでしょうか。本章では、親鸞の論の進めかたに応じて、まず、三心釈をとりあげたいと思います。ただし、これに関しては、ただ親鸞の文脈にのみ即しているかぎり、ことは遅滞するばかりです。親鸞をさかのぼり、彼の師法然の思索を追うことが肝要でしょう。

法然は、主著『選択本願念仏集《せんちゃくほんがんねんぶつしゅう》』のなかで、専修念仏《せんじゅねんぶつ》の信心をかためるためには、「三心四修《さんじんししゅう》」が不可欠である、と述べています。これは、法然が、「偏依善導《へんねぜんどう》」といって全面的に依拠する、中国浄土教の大成者善導、ひいては、善導がもっとも重視する浄土経典『観無量寿経《かんむりょうじゅきょう》』からとられた、信・行に関する考えかたです。「四修」とは、恭敬修《くぎょうしゅう》、無余修《むよしゅう》、無間修《むけんしゅう》、長時修《ちょうじしゅう》、の四種の念仏行のことで、それぞれ、阿弥陀仏をうやうやしくうやまうこと、他に心を移さずに一心に念仏を称えること、たえまなく称えること、いつまでも称えつづけることを意味しています。こうした四修という念仏行の基盤となるのが、「三心」という信心です。それらは、至誠心《しじょうしん》、深心《じんしん》、廻向発願心《えこうほつがんしん》とよばれます。至誠心とは、誠のいたりともいうべき、比肩するものなき真心《まごころ》のことです。深心とは、深さのきわみにある信心のことをいい、廻向発願心とは、かならず浄土に参りたいと痛切に願う心の在りようです。三心四修なき信・行は、浅薄なものにとどまる、逆にいえば、三心四修がそなわってこそ専修念仏の信心は確たるものとなるというのが、法然の教え、浄土宗の基本認識であった、と申せましょう。

法然は、その死（一二一二年）の二日前に書き遺《のこ》した「一枚起請文《いちまいきしょうもん》」（一枚消息《いちまいしょうそく》）のなかで、三心四修は、弥陀たすけたまえと念じ浄土に参ることを乞い願う想いのうちにこめられているのだから、ことさらにそれらを意識する必要はない、と語っています。「一枚起請文」は、人生の最期を迎えた法然の、いたり着いた境地を語るものですから、これによるかぎり、わたしたち凡夫《ぼんぶ》は、三心四修にこだわらなくてもよいということになるのかもしれません。しかし、主著『選択本願念仏集』において、三心四修の重要性が強調されていることを重く見るならば、そこに法然の教義の核が存することは、いかにしても否定しえないのではないかと思います。

ただし、四修は念仏の行に関わるもので、それは、『観無量寿経』の立場から、念仏を観想・観相ととらえること、すなわち浄土や浄土の諸仏を想いうかべることにつながっています。最終的には念仏を口称《くしょう》と解した善導、そして、「ひとえに善導一師に依る」と語る法然にとって、四修は、かならずしも明確に意識する必要のあるものであったわけではないと推察されます。四修は無用だと法然がいったなどと考えることには、むろん無理があります。しかし、法然が、それらを絶対に不可欠とは見なかったことだけはたしかでしょう。これに対して、三心は、念仏の根柢たる信心を導く重要な契機です。愚痴・無知のひとびと、すなわち、一文不通《いちもんふつう》のひとびとを読み手として想定する「一枚起請文」が三心を軽く見る風をよそおっているとしても法然の教説においてそれが核をなすことは、いかにしても否定しがたいと思われます。このことは、法然の弟子であり、そのもっとも正統な後継者を自任する親鸞が三心を重んじ、主著『教行信証《きょうぎょうしんしょう》』において三心釈を展開していることによって保証されます。

三心釈は、アジャセ王の物語（王舎城《おうしゃじょう》の悲劇）と並んで、『教行信証』信巻の中核をなしています。それが親鸞にとっていかに重要であったかは、特段論ずるまでもないといえます。しかしながら、善導や法然とは異なり、親鸞は、『観無量寿経』よりもむしろ、『大無量寿経』のほうに重きを置いていました。親鸞によれば、『大無量寿経』にも三心（信）が説かれています。弥陀の四十八願のなかの第十八願（次節において詳述）にあらわれる、「至心《ししん》」、「信楽《しんぎょう》」、「欲生《よくしょう》」がそれです。親鸞は、道綽《どうしゃく》、善導、法然という浄土門の系統において根本経典と目《もく》されてきた『観無量寿経』を無視するわけではありません。同経の三心も、親鸞にとって大きな意味をもっていました。そこで、親鸞は、『観無量寿経』の三心と『大無量寿経』の三心とは互いにおおいあう関係にあるという認識を示します。すなわち、至誠心、深心、廻向発願心と、至心、信楽、欲生とは、同じだというのです。よりくわしくいえば、至誠心は至心と、深心は信楽と、廻向発願心は欲生と、それぞれ対応しあっているということです。これは、親鸞の独創的な解釈ですが、ことさらに証明するまでもない、妥当な解釈と申せましょう。

二経の三心の一致・対応ということよりも、親鸞にとってよりいっそう重要だったのは、三心が一心に帰するということでした。もし、三心がばらばらにわかれて起こるとすれば、わたしたちの阿弥陀如来に対する信心は、三つに分裂して、まったく統一を欠いてしまいます。そうすると、わたしたちは、如来への信心をもつことによって、精神の散乱という、五蘊盛苦の一種をこうむってしまうことになります。つまり、信心が苦につながってしまうのです。これは奇怪な事態です。このような事態を避けるためにも、親鸞は、至心、信楽、欲生が一《いっ》に帰すると考えなければなりませんでした。ですが、三が一になることを論理的に説明するのは、実にむずかしいことです。かりに形式論理に基づいて考えるとすれば、とうてい解決することのできない難題になってしまいます。アリストテレス論理学を用いた西洋中世の三位一体論の解釈が、ことごとく失敗に終わった事実を見ても、そうなることはあきらかだと申せましょう。もとより、親鸞自身は、西洋的な意味での「論理」ということを意識していなかったに相違ありません。けれども、至心と欲生が信楽に帰一するという彼の解釈には、形式論理を踏みこえる側面がみとめられます。田辺は、ここに弁証法的思考が顕現していると考えます。もし、親鸞が、三一論、すなわち三が一に帰するという論理を成り立たせることに成功しているとすれば、田辺の見かたは当を得ているということができそうです。

親鸞は至心と欲生とは信楽に帰するという論を、『教行信証』信巻において、およそ左のようなしかたで展開しています。それは、語の意義を逐一深く問うことによって成り立つもので、親鸞が、他の仏教思想家たちのだれよりも得意とするところです。親鸞は、まずは至心をこう分析していきます。至心の至とは、心がいたり着く極致であり、真《まこと》の意である、と。真とは誠であり、それゆえ『観無量寿経』の至誠心に通ずるわけですが、それはまた自《おのずか》らという意味でもあります。自《おのずか》らとは、在るがままの在りよう、すなわち本来の姿をあらわしています。したがって、至心とは、心が在るがままに在ること、本来の姿で在ることにほかなりません。心が本来の在りようを示すということ、それは、阿弥陀仏という唯一の真なる存在を信ずることに直結しています。ならば、至心とは、信楽の「信」に集約される心の在りかたということになります。欲生は、浄土に往き生まれることを欲するという意味です。「欲」の意義を深く探れば、「願う」ということにもなります。信楽の「楽」には楽しむという意味あいもふくまれていますが、さらに「願う」という意味とも解することができます。そうすると、欲生は信楽の「楽」に集約されることになります。したがって、至心は信楽に帰し、欲生も信楽に帰すると考えられます。くわえて、楽つまり楽しみ願うという心の在りようが可能になるのは、信心があればこそそのことであるという事実を重んずるならば、楽は信のうちにつつみこまれることになり、かくして、心を至すこと（至心）も、往生を楽しみにして願い欲すること（欲生）も、ともに「信」の一事に帰着するといえましょう。

このようにして、親鸞は三一論を説き、人間の心のはたらきは、あげて信心一事のうちに集約されることを強調するのです。弁証法は相互に矛盾したもの、相反する二つのものが、第三の何ものかによって止揚され総合されるという態様を、その典型的な姿としています。至心と欲生とは、互いに矛盾しあうわけでもなければ、対立するわけでもありません。この点にのみ着目するならば、親鸞の三心釈に弁証法そのものを見いだすことはむずかしいというべきなのかもしれません。しかし、至心と欲生とは、互いに対立しあうわけではないけれども、あらかじめすでに通じあっているわけでもありません。心を至すことと、往生を願うこととは、さしあたって、直接には結びつかないと考えられます。まったく無関係ではないにしろ、直結するわけでもない二つのものを一《いっ》に帰せしめること。それは、典型的な弁証法ではないでしょうが、そこに、弁証法的な論理をみとめるとしても、けっして誤りとはいえないのではないでしょうか。親鸞の三心釈のうちに弁証法論理をあてはめようとする田辺の試みは、おおむね妥当なものだといってもよいと思われます。

とはいうものの、田辺が種の論理の挫折以前の段階、および懺悔道の哲学の段階で志向していたものは、ヘーゲルの観念弁証法ではありませんでした。それは、ヘーゲルの発出論的で自己完結的な体系を拒絶する、無限の運動態としての終わりなき弁証法、すなわち絶対弁証法であったはずです。わたしの見るところによれば、親鸞の三心釈は、至心と欲生とが信楽に帰一しそこで総合される時点で、いったん終わりを告げているように思われます。そうであるとするならば、三心釈に絶対弁証法をあてはめることには無理があるといわざるをえません。

もっとも、わたしたち凡愚の信心の在りようをよくよく吟味してみると、信じてなおさとりえない、というのが実情のように見うけられます。至心と欲生とを三一的に集約した「信」（信心）が確実にうちたてられかつ保持されたままで、わたしたちの生が進行してゆくとすれば、わたしたちは、貪瞋痴《とんじんち》を中心とする煩悩から遠く離れた状態でいられるはずです。ところが、実際には、わたしたちは、信心を如来からたまわったのちも、いつのまにか煩悩におかされ、どうしてもさとりきることができません。至心はいつしか信楽を遠ざかり、欲生も信楽からともすれば切り離されてしまうというのが、わたしたちの現実におけるいつわらざるすがたです。だとするならば、三心は、三にして一なる情態となって完結することはなく、いつもすでに分裂と総合とをくりかえしていることになります。親鸞は、わたしたち人間が、信心を得て（たまわって）、往生することが決定《けつじょう》したくらい、すなわち、「正定聚《しょうじょうじゅ》の位」についてもなお煩悩熾盛《しじょう》であることを、鋭く見ぬいていたひとです。その親鸞が展開する三心釈は、三が一に帰してはまた三にもどる、そしてさらにまた一に帰するという動きを、すなわちいつまでも終息することなき動性を的確にとらえるものではなかったか、と推測されます。もしこの推測が当を得ているとすれば、三心釈の根柢に田辺のいう絶対弁証法が存すると見ることも、十分に可能になってまいります。三心釈よりも、いっそうはっきりと絶対弁証法の軌跡をえがくのが、三願転入です。

4

三願転入とは、親鸞の精神が、弥陀の四十八願のなかの三つの願を移り動く過程を述べあらわすものです。その意味するところをあきらかにするためには、三つの願の内容を鮮明にしておく必要があります。ですが、その前にまず、弥陀の四十八願とは何かを説明しておきたいと思います。

いまから十五劫《こう》もむかしのことです。一劫とは、三年に一度天から天女がおりてきて、薄い羽衣で、四十里四方の巨大な岩をひとなでして天にもどってゆく、それをくりかえした末に岩が完全に磨滅してしまうまでの時間をあらわします。これは、人間の計算能力の限界をこえたきわめて膨大な時間です。非量数ともいいますが、十五劫ともなると、もはや想像を絶する時間です。すくなくとも日本語では説明のしようがありません。むかしむかしの大むかし、そのまたむかしの大むかしとでもいうしかないでしょう。その十五劫のむかし、法蔵菩薩《ほうぞうぼさつ》という修行者が、世自在王仏《せじざいおうぶつ》のみもとで修行を積んでいました。法蔵菩薩は、一切衆生を苦しみから脱却させて、清浄きわまりない国、すなわち浄土に往かせたい、と願いました。その願いを世自在王仏に告げたところ、仏は二百十億の浄土をあらわし示してくれました。法蔵菩薩は、そのなかから、もっとも清浄な土、すなわち西方極楽浄土を選択しました。ところが、いったい、いかにすれば、衆生をその西方極楽浄土に導きいれることができるのかがわかりませんでした。そこで、法蔵菩薩は、五劫という膨大な時間をかけて思惟《しゆい》し、四十八の誓願を立てました。これらはいずれも、「しかじかのことが実現しないかぎり、わたしは仏にはならない」と誓い願うもので、万人、なかんずく信心のひとすべてを浄土に摂《おさ》め取《と》りたいという希《ねが》いによって貫かれています。『大無量寿経』によれば、これらの四十八願はすべて成就され、以来十劫を経たということですから、法蔵菩薩はすでに仏になっていることになります。この仏は、阿弥陀仏、あるいは阿弥陀如来とよばれています。

自然科学が、必要以上にともいえるほどにいちじるしく進歩した時代を生きるわたしたちにとって、阿弥陀仏の出現をめぐるこの物語を信じることは容易ではないかもしれません。そのような、科学的な裏づけをもたないどころか、むしろ科学に反するように見える物語を信じるのは、妄信もしくは狂気のさただというのが、わたしたち現代人のごくふつうの反応だと思います。これは浄土門の「神話」だと断ずる研究者が多いのも、ごく自然ななりゆきだと申せましょう。しかしながら、この物語を、何らかの真実を語るものとして信ずることができないかぎり、わたしたちは、浄土門の教えに対して疎遠でありつづけざるをえません。浄土門に生きた親鸞の信心が、この物語に信を置くことを前提としているのは、あまりに当然すぎることだといえます。別段、浄土門以外の仏教宗派や他宗教を批判するつもりはありません。ですが、わたしは、このような美しい物語を信の原点として有しうる浄土門のひとびとは幸せなのではないかと思います。すくなくともこれだけはいえます。マリアの息子であり、ヤコブの兄弟である大工のイエスが、全知全能の神でもあるという常識をこえた逆理を信ずることのできるひとびとならば、阿弥陀仏出現の物語をただの妄想としてしりぞけようとはしないのではないか、と。

さて、三願転入の「三願」です。これは、四十八願のなかの第十八願と第十九願、そして第二十願をさします。大正末から昭和の中期にかけて活躍した真宗大谷派（東本願寺）を代表する念仏求道者蜂屋賢喜代《はちやよしきよ》の訓読（『四十八願講話』）にしたがって、その三願を左に掲げておくことにします。

（第十八願）たとひ、われ仏《ぶつ》をえたらんに、十方《じっぽう》の衆生《しゅじょう》、至心信楽《ししんしんぎょう》して、わがくにに生ぜんとおもふて、乃至十念せん。もし生ぜずば、正覚《しょうがく》をとらじ。ただし五逆《ごぎゃく》と誹謗正法《ひほうしょうぼう》とをばのぞく。

（第十九願）たとひ、われ仏《ぶつ》をえたらんに、十方《じっぽう》の衆生《しゅじょう》、菩提心《ぼだいしん》をおこし、もろもろの功徳《くどく》を修《しゅ》して、至心発願《ししんほつがん》して、わがくにに生ぜんと欲せん、臨寿終時《りんじゅじゅうじ》に、たとひ、大衆《だいしゅ》と囲繞《いにょう》して、そのひとのまへに現ぜずば、正覚《しょうがく》をとらじ。

（第二十願）たとひ、われ仏《ぶつ》をえたらんに、十方《じっぽう》の衆生《しゅじょう》、わが名号《みょうごう》をきて、わがくにを係念《けねん》して、もろもろの徳本《とくほん》をうへて、至心廻向《ししんえこう》して、わがくにに生ぜんと欲せん、果遂《かすい》せずば、正覚《しょうがく》をとらじ。

一見かなりむずかしいことをいっているように見えるかもしれませんが、右の訓読文をじっと見つめていると、おのずからにだいたいの内容がわかってくるのではないでしょうか。第十八願は、一般に、「念仏往生の願」とよばれています。これは、信心のひとびとが心の底からわたしを信じて往生したいと願い、かりに十遍ほども念仏を称《とな》えるならば、わたしは、かならず浄土に摂《おさ》め取《と》って捨てない、という誓願です。この願には、「五逆と誹謗正法とをばのぞく」という例外規定が設けられています。このような規定は、万人の救済という浄土門の教説と食いちがっているのではないかという疑問を呈するむきもあるかもしれません。しかし、この規定は、五逆をおかす者でも仏法を誹謗する者でも、みずからのふるまいを懺悔し改悔するならば浄土に摂取しようという意図を含意するもので、いわば抑止門《おくしもん》です。万人救済への志向と、けっして矛盾しているわけではありません。第十九願は、「修諸功徳《しゅうしょくどく》の願《がん》」とよばれることの多い誓願です。これは、善行を積み重ねて往生したいと願う者がいるならば、わたしは、そのひとの臨終の際に、大勢の菩薩たちとともにあらわれて、その人を浄土に導こうと願求《がんぐ》するものです。善人の臨終往生を説く誓願と解することができます。第二十願は、ふつう「欲生果遂《よくしょうかすい》の願《がん》」と名づけられています。ここでいう「わが名号をききて、わがくにを係念して、もろもろの徳本をうへ」る者とは、自分の力で念仏を称え、その功《く》力《りき》によって往生しようと願うひとびとのことです。そのような自力の念仏者であっても、かならず浄土へと救いとろうというのが、この願の趣旨です。ただし、この第二十願の念仏と第十八願の念仏とは同じではありません。前者は、いま述べたように自分の力で称える自力の念仏ですが、後者は、弥陀から信心をたまわって、弥陀に称えさせていただく念仏、すなわち、他力の念仏です。

親鸞が『教行信証』の化身土巻で語るところによれば、彼の魂は、この三願のあいだを移り動いていったとのことです。ただし、その移行の過程は、第十八願から第十九願へ、そして第二十願へと、願の配列の順をそのまま追うものであったわけではありません。親鸞は、まず最初に自分は第十九願の立場に立っていた、といいます。九歳で出家してのち二十年間を叡山延暦寺ですごした親鸞は、その間懸命に天台の修行をしました。しかし、いかに修行を重ねても、もろもろの煩悩にひきずられてさとりを得られない自分の在りように気づいた親鸞は、修行という善行によって救われようとする第十九願に依拠したのは誤りであったと知り、その立場を捨てました。そして、彼は、天台に足場を置きながらも念仏を称えることを旨とする天台浄土教の立場、すなわち、自力念仏の第二十願に立脚するにいたりました。ところが、親鸞は、自力念仏にも満足できませんでした。自力念仏は、上求菩提《じょうぐぼだい》という自利を貫くことへと念仏者を導きはするものの、下化衆生《げけしゅじょう》への視野をもたなかったからです。つまり、自力念仏では自利を果たせても、利他が実践できなかったのです。自力念仏の限界に気づいた親鸞は、叡山をくだり、天台の教えを捨てて、法然の門にはいりました。いうまでもなく、法然は他力の念仏者です。じかに法然に接し、その教説を学んだ親鸞は、ついに、第二十願の立場をも捨てて、すべてを弥陀にゆだね弥陀から信心を与えられて念仏を称えさせてもらうという、第十八願の立場に到達しました。このような、第十九願から第二十願へ、そしてさらに第十八願へという親鸞の魂の動きを、浄土真宗では「三願転入」とよぶのです。

田辺は、この三願転入を、絶対弁証法に支えられた精神の動性ととらえました。三願がつまるところ第十八願一つに帰するという三一構造が、弁証法的思考に根ざしていることはたしかです。ただし、第十八願に到達した親鸞が、もしそこで自己充足していたとすれば、三願転入は、果て知れずつづく動性という性格とは疎遠になってしまいます。その場合、三願転入は、ただ一回だけ起こる精神の弁証法ということになってしまうのです。けれども、田辺は、三願転入が一度かぎりでは終わらずにいくたびとなくくりかえされる、と主張します。図式化して表現するならば、「第十九願↓第二十願↓第十八願↓第二十願↓第十九願↓第二十願↓第十八願……」という運動形態を示すというのです。つまり、第十九願から出立《しゅったつ》して第二十願を経て第十八願へといたった精神は、そこに定着するわけではなく、第二十願に逆もどりし、さらに第十九願へと後退する、と田辺はいいます。第十九願へとあともどりするならば、そこからまたもう一度三願転入をやりなおさなければならないことになります。田辺は、そこに、三願転入の無限の動性をみとめ、これを絶対弁証法に根ざす、と解するのです。

田辺のこうした解釈は、けっして誤っていません。三願転入を、聖人《せいじん》たる親鸞聖人《しょうにん》ひとりが踏み歩むことのできる神聖なる道ととらえ、聖人《しょうにん》はいつまでも第十八願に落着《らくちゃく》しておられたのだ、と考える、従来の真宗教義学は、田辺の右のような解釈を不当と見ることでしょう。しかしながら、ほかならぬ親鸞自身が、第十八願からの墜落ということを語っています。親鸞の代表的和讃『三帖《さんじょう》和讃《わさん》』の末尾には、「愚禿悲歎述懐《ぐとくひたんじゅっかい》」という十一首の和讃が据えられています。その冒頭で、親鸞はこううたっています。

浄土真宗《じょうどしんしゅ》に帰すれども

真実の心《しん》はありがたし
虚仮《こけ》不実《ふじつ》のわが身にて
清浄《しょうじょう》の心《しん》もさらになし

また主著『教行信証』の信巻で、アジャセ王の物語を語る直前に、親鸞はつぎのように述べています。

まことに知んぬ、悲しきかな愚禿鸞《ぐとくらん》、愛欲の広海《こうかい》に沈没《ちんもつ》し、名利《みょうり》の太山《たいさん》に迷惑《めいわく》して、定聚《じょうじゅ》の数《かず》に入《い》ることを喜ばず、真証《しんしょう》の証《さとり》に近づくことを快《たの》しまざることを、恥づべし傷《いた》むべしと。

『教行信証』の一文は、親鸞が五十二歳以前に記したものと推定されます。第十八願の立場に立って以来二十年近くを経てなお、親鸞は、愛欲にまみれ、名聞利養を求めて迷いの世界をうろついていたというのです。ここでは、「定聚の数」すなわち、弥陀から信心を与えられて浄土へと往生することが決定《けつじょう》した正定聚《しょうじょうじゅ》の位《くらい》についても、それを喜ぶことができないという自己の心の在りようが赤裸々に語られています。第十八願の立場に立つということは、他力の信心を与えられるということですから、正定聚の位についたことと同義であるはずです。ところが、親鸞はこれを喜びとすることができない。このことは、彼が第十八願の立場からすべり落ちていることを意味しています。また、「浄土の真の教えに帰依しているにもかかわらず、どうしても真実の心、誠の心をもてない」という和讃が、「真の教え」を端的に示す第十八願からの離脱をうたっていることは、自明だといってよいでしょう。

このように、親鸞は、第十八願に達しながらもそこから後退してゆく自己の在りようを、はっきりと自覚しています。親鸞自身が明確にそう語っているわけではありませんが、第十八願からすべり落ち、後退するということは、第二十願にもどることを意味しているはずです。あとじさりはなおもつづき、親鸞はさらに、浄土門の出立点《しゅったつてん》ともいうべき第十九願にまで舞いもどってしまったことでしょう。彼は、そこからもう一度やりなおさなければならなかったはずです。かくして、親鸞においては、三願転入が、いくたびとなくくりかえされたと考えられます。それは、目下問題にしている和讃が、彼の最晩年、おそらくは八十六歳ころの詠であったことからも、あきらかであると申せましょう。このように見てくると、三願転入に絶対弁証法の論理を見いだそうとする田辺の親鸞解釈は、きわめて妥当なものであったことになります。田辺の絶対弁証法は、それを親鸞思想にあてはめたとき、透徹した説明の論理として、いきいきとした相貌を呈するといってよいでしょう。田辺は、最低限、親鸞思想に独自の論理を与えることには成功していると断じてよいと思います。

田辺が親鸞思想に関して着目したのは、三心釈と三願転入だけにはとどまりませんでした。彼は、親鸞の「往相還相二種廻向《おうそうげんそうにしゅえこう》」の思想にも注目し、これを独自に敷衍《ふえん》することによって、最晩年の「死の哲学」において、「死と愛」をめぐる斬新な思索を展開してゆきます。本章では、最後に、この斬新な思索をわたしなりに跡づけることをとおして、田辺哲学が親鸞思想を、ひいては、浄土真宗がその流れのなかに位置づけられるところの大乗仏教を、可能なかぎり論理化しつくそうとくわだてるものであったことを明瞭にしてみたいと思います。

大乗仏教では、自利《じり》とともに利他《りた》が重んぜられます。自利とは、上求菩提《じょうぐぼだい》を、すなわち、上にむかってさとりの境地へと自己が到達するのを求めることを意味します。他方、利他とは、下化衆生《げけしゅじょう》のことで、下にむかって衆生を教化《きょうけ》し、彼らを救いの道へと歩ませることにほかなりません。浄土教では、上求菩提を往相廻向《おうそうえこう》とよび、下化衆生を還相廻向《げんそうえこう》と名ざします。往相廻向とは、文字どおり往《ゆ》く相《すがた》のことで、わたしたちが浄土に往くこと、そしてそこで仏《ぶつ》になりさとりを得ることを意味しています。還相廻向とは、還《かえ》る相《すがた》をあらわし、浄土でさとりを開いたわたしたちが、現世へともどってきて、いまだ弥陀の救済に与からず迷いのうちにあるひとびとを、浄土へと教え導くことを意味しています。ここでくれぐれも注意すべきは、往相廻向も還相廻向も、ともにわたしたち自身のはたらきによるものではないという点です。親鸞は『教行信証』行巻末尾に掲げられた、二句六十行、総計百二十句の偈文「正信念仏偈《しょうしんねんぶつげ》」の曇鸞讃のなかで、「往還廻向由他力《おうげんえこうゆたりき》」、すなわち「往還の廻向は他力に由る」と述べています。往相廻向も還相廻向も、いずれも阿弥陀仏の本願力によって可能ならしめられる、他力の行だというのです。わたしたち煩悩まみれの凡夫には、何ごとも単独で自力をもってなすことはできず、すべては弥陀の力に依拠してなさしめられるのだ、というのが親鸞の根本思想です。親鸞によれば、往相還相二種廻向も例外ではないということです。

往相還相二種廻向については、『教行信証』にもくわしい説明があります（証巻）が、それをもっとも具体化して説くのは、『歎異抄』第四条です。以下にその全文を掲げてみます。

慈悲《じひ》に聖道《しょうどう》・浄土《じょうど》のかはりめあり。聖道の慈悲といふは、ものをあはれみ、かなしみ、はぐくむなり。しかれども、おもふがごとくたすけとぐること、きはめてありがたし。また浄土の慈悲といふは、念仏して、いそぎ仏《ぶつ》になりて、大慈大悲心《だいじだいひしん》をもて、おもふがごとく衆生《しゅじょう》を利益《りやく》するをいふべきなり。今生《こんじょう》に、いかにいとをし不便《ふびん》とおもふとも、存知《ぞんち》のごとくたすけがたければ、この慈悲始終《しじゅう》なし。しかれば、念仏まうすのみぞ、すえとほりたる大慈悲心にてさふらふべきと、云々。

ここでは、慈悲が自力聖道門の慈悲と他力浄土門のそれとに大別されています。慈悲とは、ひとびとに楽を与え、彼らの苦をとりのぞくことを意味しています。自力聖道門、すなわち、自分の力で修行を重ねさとりを得ようとする、念仏門以外の仏教宗派の慈悲は、衆生をあわれみ救おうとするものであるが、一人、二人を救ったところで万人におよびようもなく、それは貫徹されえない、と親鸞はいいます。それに対して、他力浄土門、すなわち念仏門の慈悲は、念仏を称えさせてもらっていそいで浄土に往って仏になり、弥陀の大慈大悲心に導かれて現世にもどり衆生を度《ど》するものであるがゆえに貫徹したすがたをとる、と親鸞は主張します。ここでは、往《ゆ》く相《すがた》としての往相と、還《かえ》る相《すがた》としての還相の内実が、くっきりと示されているといえましょう。くりかえしになりますが、往相廻向とは自利であり、還相廻向とは利他です。通常、大乗仏教では、「自利利他」ということがいわれますが、「利他自利」といわれることはありません。自利が可能になってこその利他であって、その逆ではないという認識を大乗仏教のうちにみとめるとしてもさしあたっては誤りではないと思われます。親鸞の教え、浄土真宗でも、まずは自利としての往相が可能になってこそ、利他としての還相も可能になると考えられていることはまちがいありません。

ところが、田辺は、親鸞思想のうちに、「往相即還相、還相即往相」という論理をみとめます。田辺において「即」とは、「同じ」「等しい」（イコール）という意味ではなく、「転換媒介」という意味です。したがって、「往相即還相、還相即往相」と語るとき、田辺は、「往相＝還相、還相＝往相」と考えているわけではありません。彼は、往相は何かに媒介されて還相に転じ、還相も同じ何かに媒介されることによって往相に転換すると見ているのです。田辺自身は、媒介する「何か」の正体を具体的に示していませんが、思うに、それは人間精神をさすのではないかと考えられます。だとすれば、田辺は、往相は精神に媒介されて還相となり、還相は精神に媒介されて往相となる、という見かたをしていることになります。「往相即還相、還相即往相」とは、そのような見かたを如実に反映する論理と解せられます。親鸞思想をめぐって、往相と還相とを「即」によってむすびつける考えかたを示すのは、田辺ひとりではありません。鈴木大拙なども同様の見かたをとっていきます（『浄土系思想論』）。しかし、「往相即還相、還相即往相」という論理をもって、独自の哲学を深く掘りさげていったのは田辺の特徴といってもよいでしょう。「往相即還相、還相即往相」という論理は、田辺の「死の哲学」を、他に比肩するものが見られないほどの深みへともたらしたのでした。

田辺は、一九五一年に妻千代をうしなったころから、次第に「死の哲学」を構築していったようです。彼は、一九四八年公刊の『実存と愛と実践』の時点から、死者と生者との交流をも含意する「実存協同」という概念を強調しはじめています。これは、田辺が比較的はやい時期から、死を身近に意識していたことを暗示していますが、その意識が明瞭にして体系的な形をとるのは、妻をうしなって以後のことと推察されます。田辺の死をめぐる思索は、一九五八年に、M・ハイデッガーの古稀記念論文集への寄稿として物された論文「生の存在学か死の弁証法か」において、完成されたすがたを見せます。

この論文は、「死の弁証法」と規定した自己の哲学を、田辺が「生の存在学」と見なすところのハイデッガー哲学に対峙させ、後者との峻厳な対決によって、前者の意義をきわだたせようとするものです。田辺の見るところによれば、西洋哲学は、プラトン以来、伝統的に、生の立場から発想され思索されたもので、それゆえ、死ないし無の問題にはほとんど触れることがありませんでした。これに対して、東亜の思想、わけても日本思想は、死や無を正面から問題にする思想であり、原子力のいびつな発達によって人類滅亡の危機に瀕した現代にあっては、この思想の哲学としての意義が再確認されなければならない、と田辺は主張します。ハイデッガーの哲学に接し、何らかの形でその感化をうけたひとびとは、ハイデッガーの哲学を生の哲学とする田辺の規定に対して、違和の感覚をいだかざるをえないかもしれません。なぜなら、ハイデッガーは、その主著『存在と時間』（*Sein und Zeit*）において、人間現存在（Dasein）を「死への存在」（Sein zum Tode）と規定し、死の問題に対して、ひとかたならぬ関心を寄せているからです。

「死への存在」とは、わたしたちがこの世に生をうけた瞬間から一歩一歩死に近づいているということをあらわしているように見えますが、実はそういうことではありません。それは、わたしたちが、いつもすでに死に差しかけられていること、すなわち、あらかじめすでに死にむかってなげだされながら、それを自覚して在ることを意味しています。ハイデッガーによれば、死の自覚は、わたしたちを本来性、いいかえれば、本質的にそのように在る在りかたへと覚醒させます。そして、その覚醒をとおして、わたしたちは「世俗の人間」（das Man）から本来のすがたへと差しもどされます。「世俗の人間」とは自身が死に近接して在ること、場合によっては背後から死につつみこまれようとしていることを忘れ、野球やサッカーの話、あるいはＳＮＳでの表層的な会話、天気の話などの無駄話（Gerede）にうち興じているひとびとのことです。このような、いわば頽落《たいらく》したすがたをとっているひとびとが、自身が死に差しかけられた現存在であることを自覚するとき、彼らはようやく本来性へと立ちもどるのだ、とハイデッガーは説きます。

こうしたハイデッガーの言説に着目するならば、彼は生の存在学に眼目を置く生の哲学者であるどころか、むしろ終始死を覚悟して在る死の哲学者にほかならないように見えます。しかしながら、ハイデッガーにおいて、死あるいは無の自覚とは、人間現存在（Dasein）が「そこ」（Da）へと帰着して、「そこ」に在って「存在」（Sein）の、もっとも本質的な意味での立ちあらわれを待ちうけることにほかなりません。ハイデッガーがその思索の行きつく果てに求めるものは、人間現存在（Dasein）の「現」（Da）へとその一端をかいま見せる存在・有（Sein）であって、けっして死あるいは無ではない、と申せましょう。その意味で、ハイデッガーの哲学とは、存在・有の哲学なのだと解さざるをえません。

「生の存在学か死の弁証法か」における田辺の論説は、やや錯綜しており、そこで示されるハイデッガー解釈にわたしたちの理解が届かない面があることはたしかです。ですが、田辺が、ハイデッガー哲学の本質をなすものがこうした存在論・有論である点に気づいていたことは否定できないと思います。ハイデッガーは、『存在と時間』のあとに公表された『形而上学とは何か』(*Was ist Metaphysik?*)において、「無」への関心を濃厚に示しています。けれども、それは、有の反対物としての無、非在としての相対的な無への関心にとどまり、有と、有に対して相対的な無とをこえて、それらをはたらかせる原拠としての「絶対の無」への関心ではなかった、と考えられます。田辺は、おそらく、このことにも気づいていたのでしょう。気づいていたがゆえに、田辺は、ハイデッガーにおいては、本来の意味での死・無が問われていない、と断定するのだと思います。

ハイデッガーはなるほど「死への存在」を説くけれども、それは生の立場から考えられた死であって、真の死でも無でもない、と田辺はいいます(「北軽井沢特別講義」)。田辺によれば、死を問題にするとき、ひとは実際に死に徹し、みずから死人となり果てなければなりません。ハイデッガーのいう「死への存在」は、ひとが死への先駆的決意性をかためること、端的にいえば死をまぬかれえないさだめとして覚悟することを意味しています。しかし、田辺にいわせれば、覚悟という次元に立つだけでは、まだ死そのものをとらえきることはかないません。結果としては生きることになるとしても、死のただなかに身を投ずる者のみが、真に死を知りうるというのです。実際に死にきることこそが肝要だと述べるとき、田辺が具体的にどのような事態を思い描いていたのかは不明です。ただし、彼が後期の著作群で、「生きながら死人となりてなりはてて思ひのままにするわざぞよき」という無難禅師の歌をしばしば引用している点から、それを類推することは、あながち不可能ではないように思われます。おそらく田辺は、死を問題とするならば本当に死んでみよ、とわたしたちに迫っているわけではないのでしょう。生きながらにして死人となること、死人となって生きることを、田辺は、自身に対し、そしてわたしたちに対して求めているのだ、と思います。いいかえれば、田辺は、死を必至として生きること、決死の生を追求するのだといってもよいでしょう。ひとはいうかもしれません。死人となるということ、無になるということは、何ごとをもなしえず、何ものをも生みださないことを意味する、ならば、死人となって生きるとは、単に無為にとどまることと同じではないのか、と。なるほど、常識的に考えれば、死人には何もできません。死んだように生きている人間は、何の生産性も創造性ももたない、まったく無駄な存在のように見えることでしょう。ところが、田辺は、死にきって生きること、つまりは無に徹することによってこそ、わたしたちは、人間として真になすべきことをなしうる、というのです。人間が人間として真になすべきこと、それは愛の実践です。

田辺によれば、わたしたちが積極的に死を選ぶのは、生きることに疲れたからでもなければ、なすべきことが何もないと思うからでもありません。ましてや、他のひとびとを怨むからでもありません。死にきること、自己を無に徹せしめることによって、ひたむきに利他愛、すなわち還相廻向を行うことができるからです。己れの身を保全したままひとを愛するとしても、それはとうてい透徹したものとはなりません。わが身をかわいいと思うかぎり、身を捨てて愛を貫くことができないからです。田辺はいいます。真の愛とは、己れを完全に捨てさり、ひいては死なしめることによって、はじめてその実践が可能になるものだ、と。

ここにいたって、「死即愛、愛即死」という考えかたが成立します。これは、「無即愛、愛即無」といいかえてもよいでしょう。生きて在るかぎり、つまり有として在るかぎり、わたしたちは、己れのすべてを利他愛のために注ぎこむことができません。人間は、己れのすべてを放ち棄《す》てて無となり死にきったときに、真に無私なる愛を踏み行うことができる。田辺は、そう考えたのでした。田辺は、こうした愛をめぐる思索を、仏教の文脈のなかに投じいれます。仏教こそ東亜の思想を代表する思索の体系であると考えたからでもありましょうが、同時に仏教の思索体系の論理化を求めたからではなかったか、と思われます。

仏教では、通常、愛という語は否定的《ネガティヴ》な意味で使われます。愛には、愛執、妄執、愛欲などの意味がこめられるのです。西洋由来の語「愛」に相当する仏教語は、「慈悲」です。したがって、仏教の文脈で愛をとらえることは、慈悲について考えることに直結してゆきます。慈悲は、上求菩《じょうぐぼ》提《だい》、下化衆生《げけしゅじょう》を前提としています。まず自分がさとり、仏または仏に等しい境地に立ちいたって、さらに下にむかってひとびとを教化《きょうけ》し、彼らのもとに真の利益《りやく》をもたらすこと、それこそが慈悲です。浄土教の文脈に即して考えれば、往相・還相二種廻向が慈悲だと申せましょう。わたしたちが、弥陀のはからいで浄土に往き生まれ、さらに、そこから弥陀に導かれて現世へと還《かえ》り、いまだに救われていないひとびとを念仏の世界に迎えいれることが、浄土教の慈悲です。「生の存在学か死の弁証法か」の田辺は、浄土教からやや距離を置き、禅に接近する姿勢を示していますが、それでもなお、彼の脳裏には往相・還相二種廻向という考えかたが刻みつけられていました。彼は、この最後の完成論文においても、往相・還相二種廻向ということを念頭に置きながら、「死即愛、愛即死」の思想を編みあげています。換言すれば、田辺は、「往相即還相、還相即往相」の論理を土台にして立っている、といえましょう。田辺はいいます。わたしたちは、浄土へと往き生まれるさなかに現世を生きるひとびとに慈悲を差しむけ、かつはひとびとに慈悲を差しむけるまさにそのときに、往生への道をきわめているのだ、と。このことを、田辺は、禅の文脈に即して、およそつぎのように具体化しています。

それは、『碧巌集《へきがんしゅう》』第五十五則「道吾一家弔慰《どうごいっかちょうい》」を忠実になぞるものです。生死の問題に悩む青年僧漸源《ぜんげん》が、師僧道吾《どうご》にしたがって、とある檀家の不幸を弔ったときのことでした。漸源は、棺のなかのひとがもし死んでいるならば、もはや弔慰を示したとて無意味であるし、生きているならば弔いは不要になるという矛盾に苦しんで、師僧道吾に「生か死か」という問いを投げかけました。

しかし、道吾は、「不道《いはじ》」とだけ述べて答えようとしません。漸源は帰路重ねて問い、「答えなければ打ちますよ」と迫りましたが、道吾は、やはり「不道」というのみでした。そこで、漸源ついに道吾を打つにいたりました。そののち、道吾他界するにおよび、漸源は、兄弟子石霜《せきそう》にことの次第を話し、いかに思われるかと尋ねました。すると、石霜もまた、道吾と同じく、「不道」と述べるのみでした。このとき、漸源は頓悟《とんご》し、生死の問題は、生か死かという単純な矛盾律では解きえないことを知ったといいます。漸源は、道吾が自分の問いに答えなかったのは、おのずからにさとらしめたいという愛情のゆえだったことを知り、以後師への報恩感謝の行にでたとのことです。田辺は、打たれてなお答えなかった道吾に還相行を見いだしました。彼は、その道吾の還相行が漸源の往相行を促進させたと述べ、ここに、往相即還相、還相即往相という論理の一面が如実に反映されている、といっています。田辺は、往相即還相、還相即往相という論理が、浄土門の枠をこえて、大乗仏教全般に通じるものであることを示したかったのではないでしょうか。わたしには、往相即還相、還相即往相の論理は、田辺の文脈を離れてもなお、通有性を失わないように思えます。

たとえば、わたしの場合、いくたりかの恩師から、学問や人間としての生きかたなどを教えられました。わたしにそれを教える恩師たちの営みは、まさに還相廻向だったと申せましょう。その還相廻向をうけて、わたしは往相廻向の道を歩んできました。そして、わたしは、みずからの往相廻向のさなかに、やはり学問と生きざまを教えるという形で、学生や院生たちに対して、還相廻向を実践しているようです。その還相廻向は、学生や院生たちの往相廻向を導くことでしょうし、また、わたし自身にもはねかえってきて、わたしの往相廻向を深める契機となっているように思います。このように、いっかいの大学教授にすぎないわたしごとき者の例をあげてみるだけでも、往相がそのまま還相となり、還相がただちに往相となっている可能性があきらかになります。すでに幽明《ゆうめい》境《さかい》を異《こと》にする恩師たちが、いまなおわたしの言動に影響を与えつづけていることに想いをいたすならば、死者の生者に対する還相廻向ということも、十分に現実性をもってきます。このような具体例に基づいて考えれば、田辺の往相即還相、還相即往相の論理は、ただ単に観念の世界で妥当性をもつにとどまらず、現実世界にも十分にあてはまるものといってよいようです。しかも、往相と還相とがどこまでもいりくみあうことに着目するならば、田辺の論理は、一貫して弁証法的であるといえます。田辺の絶対弁証法の論理は、大乗仏教、わけても念仏門と禅門とを貫き、ひいてはわたしたちの現実をも貫流しているといえましょう。

ただし、田辺の絶対弁証法は、無媒介に在るものを徹底して拒絶しながらも、人間の思索を展開させるという観点に立った場合には、つねに何かを直接態として措定《そてい》せざるをえません。「種の論理」において、「種」が、まずはそれ自体としてあらかじめ在るものと見なされなければならなかったゆえんです。とするならば、絶対弁証法の根柢に絶対無があると主張するにしても、つまるところ田辺は、直接態として立てられた有から出発せざるをえなかったことになります。田辺は、絶対無の弁証法（絶対弁証法）を説いたものの、有を消しさることができなかったのです。それゆえ、田辺の論理は、浄土教ひいては大乗仏教の思想上の枠組みを説明することはできても、結局「無我」の思想を具体的に跡づけることができなかったといわざるをえません。「無我」の思想によって裏づけられた、日本人の「我《が》」を消すという考えたかたも、田辺の論理では説明しきれないということになるでしょう。あるいは、田辺は「我《が》」を消すという考えかたにあまり注意をはらわなかったのかもしれません。「我《が》」を消すということを一心に志向した西田の「場所」の論理を、田辺が神秘主義としてしりぞけたことは、すでに述べたとおりです。田辺は、西田が真に意図するところを十分にとらえきっていなかった、といってもよいようです。そういえば、田辺の種の論理においては、「……種→個→類→種→個→類……」という形で、主語・主体としての個、すなわち「我《われ》」が確たる位置を占めています。田辺は、「我《が》」を消すどころか、むしろ「我《が》」を定立させることに意を用いたといっても過言ではないでしょう。

　そうであるとすれば、田辺は日本思想、文化に対して独得の論理を与えることに関して、けっして成功していないことになります。西田は無の場所ということを考えることによって、日本思想、文化の一端を論理化することに成功しました。けれども、いくら「無の場所」の「無」ということを強調してみても、それが場所《コーラー》という定在の地平をもつかぎり、「無」が「於て在るもの」として有化してしまうことは、否定しようもありません。また、最晩年の西田がうちたてた逆対応という論理は、親鸞の悪人正機説を裏づける論理として機能しうるものの、これだけでは三心釈や三願転入を下支えすることができません。したがって、西田哲学も、そして田辺哲学も、日本の伝統思想や文化を基礎づける論理を、十全な形で提供するものとはなりえていない、というべきでしょう。

ならば、ここに、あらたな試みが求められます。西田哲学や田辺哲学を尊重しつつ、あらたな日本哲学を樹立《じゅりつ》すること、すなわち、日本の伝統思想、文化を十全にくみつくす論理を確立し、それによって伝統思想、文化を逆照射することです。わたしは次章において、この試みに全霊を投じてみたいと思います。その際、あらかじめ注意を傾けておくべきことがらがあります。伝統思想、文化は、日本語という言語のなかでつむがれた思想、文化であり、そこには、日本語の論理が如実に反映されているという点です。日本思想、文化が「我《が》」を消す方向で確立されていることと、日本語の基礎構造とのあいだには密接な関係があるのです。わたしは、このことに十分に留意しながら、あらたな試みにいどんでみたいと思います。先哲が、だれひとりとして完全には成功しなかったこの試みにいどむことはきわめて困難であり、わたしの以下の論考は、空中分解して頓挫してしまうかもしれません。しかし、それにおそれをなし、身をちぢめていたのでは、一貫した論理をもった思想として日本思想を「哲学」たらしめようという志《こころざし》は、ただの夢物語に終わってしまうことでしょう。ともかくも、やぶにわけいるように、ゆっくりとではあっても、歩を進めることこそ、肝要ではないか、と思います。

第三章　絶対的自己否定性の論理

1

主よ、わたしの信仰はあなたを呼び求める。その信仰は、あなたがわたしにお与えくださったものであり、あなたの御子《みこ》の人性《じんせい》を通じて、あるいはあなたの宣教師の奉仕を介して、あなたがわたしに注《そそ》ぎこまれたものです。

ここに掲げたのは、アウグスティヌスがみずからの半生をふりかえって、キリスト教への入信にいたる経緯と入信後の自己の信仰の在りようとを克明に記した書『告白』（*Confessiones*）の冒頭の一節です。ここでは、自分の信仰（fides）は、神のひとり子イエス・キリストの人間としての側面（人性 humanitas）をとおして、あるいはまた、宣教師パウロの神への奉仕を媒介として、神が自分にお与えになったものである、と語られています。アウグスティヌスは、信仰が「神↓我」という方向性のもとに成り立つと考えていたことがわかります。

わたしたちは、通常、このようには考えません。無神論や無仏論は論外ですが、神や仏などの絶対者（超越者）を信じるひとは、まず「わたし」というものがあって、はじめて、信仰・信心ということが成り立つと考えるのが常識ではないでしょうか。すなわち、わたしたちは、ふつう、「神↑我」という方向で「信」の構造をとらえます。その意味で、右に示されたアウグスティヌスの信についての考えかたは、一種異様な相貌を呈しているように見えることでしょう。ひとはおそらくこう考えます。わたしの信仰がわたしを主体とせず、神を主体とするものだとすれば、「わたし」なるものが消去されてしまう、これは奇怪な発想だ、と。わたしたちがアウグスティヌスを読んでいてつまずくとすれば、まずはこの点においてであろうと思われます。

しかしながら、宗教というものの本質を追究するならば、アウグスティヌスが奇怪な言説を弄しているとはいえないように思います。ひとはなぜ宗教のなかで生きようとするのでしょうか。宗教は、どのようなものであれ、かならず絶対者（超越者）の存在を想定します。人間を超えた権能を有する絶対者が、困苦にあえぐ人間を、その魂の面において救うというのが、あらゆる宗教に通底する基本認識ではないでしょうか。とするならば、何の困苦もおぼえていないひとや、自身の能力に信を置き、自分の力、すなわち自力をもっていっさいの問題を解決できると確信しているひとは、宗教を必要としないことになります。ところが、人間とは実に無力なる生きものです。自分だけの力では、生きる場所としての家屋も作れませんし、食料をととのえることすらできません。生きて在るためには、かならず他人に頼らざるをえない、というのが、わたしたちの実態です。しかも、わたしたちは、他の人間に頼ってもどうにもならない事態にすら直面します。そのような無力このうえもない人間が、自分の力で単独に生きる道をきりひらくことは、とうていかないません。それを自覚するがゆえに、ひとは絶対者を求め、その権能にすがりついて生きようとします。そこにこそ宗教が生まれるといってよいでしょう。

なかには、自然科学の導きのまま生きていれば、宗教など必要でなくなる、むしろ無用である、と断言するひとがいるかもしれません。しかし、そういうひとびとが寄りすがっている自然科学は、万能なのでしょうか。自然科学によって大地震を防止したり、大暴風雨を事前に抑止したりすることができるのでしょうか。万が一、そうしたことができるとてつもなく大きな権能を自然科学が有しうるとしても、では人間の心の問題はどうでしょう。恋に破れた痛み、愛するひと、他の何ものにもかえがたい大切なひとを失った悲しみを、自然科学は癒してくれるでしょうか。自然科学万能主義は、かならずゆきづまります。かりにゆきづまらないとしても、それが、自然科学への宗教的信仰に根ざしていることは、いかにしても否定しえない、とわたしは思います。自然科学を専門的に学んだことのない、自然科学万能主義者に対して、こころみに問うてみましょう。あなたは、微分・積分の意味を知っていますか、不確定性原理はどうですか、相対性理論を説明できますか、と。これらの問いに「はい」と答えられるひとはほとんどいないでしょう。要するに、自然科学万能主義者の大半は、自然科学の中身を何も知らないままに、それを神仏のごとくにあがめているにすぎないのです。彼らは宗教を否定することに成功したわけでもなければ、宗教から脱しえたわけでもありません。ただ単に、自然科学信仰という、現代の新興宗教の信者になっているだけのことです。かくして、ほとんどすべての人間が、何らかの宗教を必要としていることがあきらかになります。

くりかえし強調しますが、わたしたち人間は、無力であるがゆえに、己れをさまざまな困苦から救ってくれる絶対者（超越者）を求め、それにすがりつこうとするのです。その際、わたしたちは、自己の無力さを深く自覚すればするほどに、もはや自分に絶対者を信ずる能力（自力）があるとは考えられなくなるはずです。そうなると、自分を信へと導いてくれる、自分以外の何ものかを想定せざるをえなくなります。さしあたって、それは神父や牧師、僧侶などと考えられることでしょう。ですが、神父、牧師、僧侶などは、いかほど神や仏に親しんでいるとはいえ、つまるところ人間の域をこえることはかなわず、したがって、わたしたち凡人（凡夫）と同様に無力です。無力なものにいくら頼ってみても、絶対者へといたる究極の道はひらかれません。そのことに気づいたとき、ひとは、絶対者への信は、ほかならぬその絶対者に直接いざなわれることによってしか成り立ちえないことを知ります。アウグスティヌスが、自分の信仰は神がお与えくださったものだ、と語るゆえんです。アウグスティヌスは、いわば「絶対他力」の境地に立っていると申せましょう。

もとより、キリスト教の内部に「絶対他力」ということばや概念があるわけではありません。しかし、自己存在の核心ともいうべき信仰を、自分の力で有しうるものではなく、絶対者たる神の権能によって付与されるものととらえるとき、アウグスティヌスが、自力の無効を知り、それゆえに神にすべてをゆだねようとしていたことは疑いえないと思います。彼は、信仰について熟慮することをとおして、絶対他力の境地に達していたのです。絶対他力とは、近代真宗教学のなかで使われはじめたことば（概念）です。多くのひとびとは、このことばは、ただ浄土真宗（真宗）の教えにのみ適合すると考えることでしょう。けれども事実はそうではありません。自己の無力を知ること、そしてその無力なる自己を絶対者の面前に投げだすことが宗教の原点であるとするならば、たとえ表層にどれほど大きなちがいがあろうとも、すべての宗教の根柢に絶対他力という考えかた（すくなくともその感覚）が存することは、けっして否定できないと思われます。近代真宗教学の、その根本に関する自己規定は、ひとり浄土真宗（真宗）にのみあてはまるものというよりも、むしろ、宗教全般にわたって通底するものであるといっても、けっして過言ではないでしょう。親鸞が絶対他力の境地にあったことは、ほとんど自明です。ならば、「信」ということをめぐって、親鸞はアウグスティヌスと同様の思念をいだいていたもの、と推測されます。

2

『歎異抄』第六条によれば、親鸞は、あるとき、つぎのように語ったそうです。

専修念仏《せんじゅねんぶつ》のともがらの、わが弟子、ひとの弟子という相論のさふらふらんこと、もてのほかの子細《しさい》なり。親鸞は弟子一人《いちにん》ももたずさふらふ。そのゆへは、わがはからひにて、ひとに念仏をまうさせさふらはばこそ、弟子にてもさふらはめ、ひとへに弥陀の御もよほしにあづかて念仏まうしさふらふひとを、わが弟子とまうすこと、きはめたる荒涼《こうりょう》のことなり。つくべき縁あればともなひ、はなるべき縁あれば、はなるゝことのあるをも、師をそむきて、ひとにつれて念仏すれば、往生すべからざるものなりなんどいふこと、不可説《ふかせつ》なり。如来よりたまはりたる信心を、わがものがほにとりかへさんとまうすにや、かへすぐ〳〵もあるべからざることなり。自然のことはりにあひかなはば、仏恩をもしり、また師の恩をもしるべきなりと、云々。

親鸞門下のひたむきに念仏を称えるひとびとのあいだに、弟子争いの激論が起こっていたようです。親鸞はこうした争いに終止符をうつべく、そもそも教えの大もとともいうべき自分には、弟子などひとりもいないと断言します。ごく常識的に考えれば、この断言は奇異なものだというしかありません。親鸞は、自分は師匠法然の浄土宗の法統につらなっているにすぎないという思いを強くいだいていたようですが、現実には浄土真宗という一宗の開祖と目されていました。常陸国笠間郡《ひたちのくにかさまごおり》稲田郷《いなだごう》を拠点とする関東での布教活動をとおして、親鸞は、一万人近い門徒を獲得していたものと推定されます。その門徒たちは、親鸞を教祖として、あるいは師匠として敬仰していたはずです。ほぼ二十年間におよぶ布教活動を終えて故郷京都にもどった晩年の親鸞は、関東の門弟たちに、彼らを教え諭す手紙を数十通も送り、ときにはその手紙が門徒のあいだで回覧されることを望んでさえいます。そんな親鸞に弟子がひとりもいないということなど、ありえようはずもありません。にもかかわらず、彼が弟子などいないと語るのは、念仏の教えを理念的な観点から再確認したからであろうと思われます。現実に自分に弟子がいることを、親鸞は否定していなかったはずです。しかし、理念的には弟子などひとりもいようはずがない、と彼は考えました。なぜでしょうか。それは、親鸞が、弟子たちは、本来みな弥陀じきじきの弟子であり、自分自身をふくめて、全員が同朋《どうぼう》・同《どう》行《ぎょう》だと考えたからに相違ありません。

キルケゴールに、「単独者」という概念があります。ひとはみな、たったひとりで（単独に）神と対《む》きあっている、というのです。親鸞も、そう考えたのでしょう。自分も門弟・門徒たちも、みんながそれぞれたったひとりで弥陀に「対向《たいこう》」している、しかし、その対《むか》いあっているという一点において、全員が同一の情況にある、それゆえにみな同じ道を行く同朋・同行なのだ。親鸞はそう想っていたにちがいありません。彼の見るところでは、たったひとりで弥陀に対向しているとき、弥陀はそのひとに信心をじかに与えてくれるのでした。したがって、親鸞にとって信心とは、「如来よりたまはりたる」ものであって、これを私物化することは、けっして許されないことになります。師匠である自分が、弟子に信心を与えてやり、念仏を称えさせるのだと考えるのは、親鸞から見れば、弥陀の大慈悲心に対する冒瀆以外の何ものでもなかったのです。「如来よりたまはりたる」ものとして信心を規定するとき、親鸞は、あきらかに絶対他力の立場に立っています。すべては阿弥陀如来の導きによって成りかつ起こるのであって、無力なる人間が、自分で何ごとかを成したり起こしたりすることなどありえない。親鸞がそう考えていたことは確実です。

ならば、親鸞は、アウグスティヌスと同様に、「絶対者（神・仏）→我」という方向で信の構造をとらえることを拒絶していたものと推断されます。親鸞は、「我《われ》」が主体となって自律的かつ能動的に信心を獲得するという見かたを、全面的にしりぞけました。彼は、あくまでも弥陀が主体となってわたしたちにはたらきかけることをとおして信心は成り立つ、と考えていたのでした。これを図式化すれば、「弥陀→我」ということになります。アウグスティヌスと同じく、親鸞は、信を徹底して他律的で受動的なものととらえていた、と申せましょう。

ただし、信の構造についてのとらえかたはおおむね一致しているとしても、親鸞とアウグスティヌスとのあいだでは、他律的かつ受動的に信を得る「我《われ》」をいかに考えるかという点に関して、大きなちがいがあるように見うけられます。西洋の「有」の世界に生きるアウグスティヌスにとって、神から信仰を与えられるものとしての「我《が》」は、いうまでもなく、その在ること（有）を確定されているものでした。これに対して、親鸞の場合は、弥陀から信心を与えられる「我《われ》」を「有」と解することができなかったはずです。すなわち、先ほど提示した「弥陀↓我」という図式は、厳密にいえば、親鸞にとって、ことの本質を微妙に踏みはずすものだった、といわざるをえません。なぜなら、親鸞は、いうまでもなく釈尊の教えを奉ずる仏教徒だからです。釈尊の教えにおいては、「三法印《さんぼういん》」が説かれます。三法印とは、諸行無常《しょぎょうむじょう》、諸法無我《しょほうむが》、涅槃寂静《ねはんじゃくじょう》の三つの主要概念のことで、この三つのうちのいずれかを欠けば、その教説はもはや仏教ではなく外道ということになります。当然ながら、親鸞の教説もこの三法印に基づいて成り立っていたはずです。いま信の構造を究明しているわたしたちにとって重要なのは、「諸法無我」ということです。これは、万事・万象に相《あい》対する「我《が》」の非存在を意味しています。要するに、何らかの事態・事象に関して、その主体となるような「我《が》」などというものはどこにも存在しない、ということです。そうであるならば、弥陀から信心を頂戴する「我《われ》」は、どこをどう探しても見あたらないことになります。したがって、釈尊の教えを奉ずる親鸞にあっては、「絶対者（弥陀）↓我」などという図式は本来的に成立しえない、といわざるをえません。そうすると、弥陀から、他律的かつ受動的に信心を受けとるのはいったいい何ものなのか、という疑問が生じてきます。この疑問は、親鸞自身の著作にも親鸞関係の著述群にも、あらわれないものです。その点を顧慮するならば、この疑問に対する解答を求めることは、いたずらに問題を複雑にしてしまうことにつながる、といわざるをえないのかもしれません。しかしながら、仏教に即して信の構造を究明しようという意図を捨てないかぎり、わたしたちは、どうしても、この疑問にむきあわなくてはなりません。

親鸞は「正信念仏偈」の龍樹讃において、「龍樹《りゅうじゅ》大士《だいじ》出於世《しゅつおせ》、悉能《しつのう》摧破《ざいは》有無見《うむけん》」と述べています。訓読すれば、「龍樹大士世に出《い》でて、悉《ことごと》く能《よ》く有無《うむ》の見を摧破《ざいは》せむ」ということです。ここでは、龍樹が、有見と無見とを邪見としてうちくだいたことになっています。人生のすべての事態・事象に関して、これをただ有とのみ見ることも、ひたぶるに無とのみとらえることも、いずれもまちがっていると龍樹はいい（『中論』）、彼を讃仰する親鸞は、この見解を認めているといってよいでしょう。となれば、親鸞は、すべてを無と断ずる考えを拒否しているように見えるかもしれません。しかし、親鸞が龍樹にならってしりぞける「無見」とは、この現世の事物・事象のみならず、仏をも無と見る見解を意味していたのではないでしょうか。この場合の無見とは、この世界には何ものも存在せず、ひいては世界自体がないとするものだったと思われます。これは、たしかに、世界内の事物・事象も世界そのものも、つねに存在していてけっして滅びることはないとする「有見」と同様に、かたよった見解、誤った見解というしかありません。けれども、龍樹は、そして親鸞も、仏説にほかならない「諸法無我」ということを、けっして否定しているわけではありません。「我《が》」を無自性《むじしょう》なるもの実体なきものと見、それを本来的に「無」なるものと観ずる見かたを、龍樹や親鸞が拒斥《きょせき》したとは、とうてい考えられないことです。仏教、とくに真宗では「真我」ということをいいます。これは、無我と有我とをあわせた総体などではありません。真に「我《が》」と称することができるのは、無我のみであるという意味です。したがって、他律的かつ受動的に信心を受けとるものはいったい何ものなのか、という問いは、やはり厳然と定位されているといわざるをえません。

この問いに正面から答えることは、おそらくは無理でしょう。いっさいは本来無我であるとするかぎり、信心を受けとるものもまた無我だからです。つまり、信心を与える主体たる阿弥陀仏は厳として存在しているけれども、そこから信心を受容するものは何ものでもないということになります。したがって、親鸞が意識する信の構造は、「弥陀→我」という形をとりえないと考えられます。あえてその構造を図式化するとすれば、「弥陀→~~我~~」とでもあらわすしかないでしょうが、これでは意味が判然としません。わたしは考えます。もはや、何ものも受けとり手のいない、いわば「無の場所」のただなかへむけて信心がもたらされると解するほかに手だてはない、と。このように考えた場合、信心は受けとり手を欠いて、いわば宙づりになってしまいます。受けとる主体なきままに、信心が宙を漂うのです。常識から見れば、これは異常な事態といわざるをえません。ですが、釈尊の教えにしたがうかぎり、どうしてもそう考えなければならないのです。

この世界には、信心を与えようとする弥陀の意思が充満し、与えてやるぞという声が鳴り響いています。その響きが無の場所へと自己限定されたものが、念仏なのかもしれません。そうすると、信心は念仏を「場所《コーラー》」として立ちあらわれると考えられます。信心がかならず念仏をともなうゆえんです。すなわち、念仏は信心の現成する場所であるからこそ、信心を要とする立場に立つ親鸞も、けっして念仏を軽視することができなかったのです。しかし、そのように解するとしてもやはり疑問が残ります。信心の現成する場としての念仏を称える者は、本来的に無我たらざるをえないからです。弥陀の、信心を与えようという意思が充満し、与えてやるぞという声が鳴り響く場所には、どう考えても、何ものも具体的有としては居あわせないのです。この点にこそ、親鸞が、あるいは法然が強調するように、他力の信が難信たるゆえんが存するというべきなのかもしれません。

わたしがいまいえることは、信心を与えられる我《われ》なるものは非在（無）であるけれども、それがもたらされる場所はおそらく存在するであろうということだけです。ただし、その場所も無、すなわち完全なる空所《くうしょ》ですから、常識的な意味での有ではありません。それは、非在でありつつもなお在る場所である、というしかありません。なぜ、「如来よりたまはりたる信心」という発想が、これほどまでに難解な説明を要するのでしょうか。いうまでもなく、三法印、なかんずく「諸法無我」を重んずるがゆえです。恣意的に、諸法無我の教えを捨てさえすれば、ことは容易に解決され、「弥陀→我」という図式が定式となって確定されることでしょう。けれども、そもそも仏（弥陀）から信心をいただくという考えかた自体が仏教のものである以上、そのような恣意が許されるはずもありません。つまるところ、信心を与える弥陀は厳然と存在する（有である）が、それを与えられる「我《が》」は非在（無）だ、と断定せざるをえません。すべての言動の基点に、「我《われ》」を置く西洋的、あるいは現代的な哲学・思想にとって、これは克服されるべき問題となってくるように思われます。しかし、日本の伝統的な思惟方式において、信心を与えられる「我《が》」の非在ということは、まなじりを決して解決しなければならないほどに重大な問題でしょうか。

有の思想、文化のなかで、つねに「我《われ》」を思考や行動の原点としてきた欧米のひとびとにとって、信心を与えられる「我《が》」がないということは、おそらく異様な事態と観ぜられることでしょう。彼らがみずからの思考や行動をそこにおいてくみたてる場としての言語は、かならず、「我《われ》」（I, Ich, Jeなど）を措定するもので、それは、「我《われ》」を消しさった場合には、その根柢から瓦解してしまいます。たとえば、I love you. は愛情表現のことばとして成り立ちますが、Iを欠落させた love you. は、平叙文としては意味をなしません。欧米人の思考や行動の起点には、いつもすでに「我《われ》」が定位されており、これを欠落させた思考や行動は、いかにしても生起しえないのです。アリストテレスの論理学が、実体としての主語を中心にし、それに属性としての述語を付随させる形をとるゆえんだと申せましょう。

ところが、日本人がその思考や行動の原拠とする日本語は、主語としての「我《われ》」を欠いてもなお成立しうる構造をもっています。たとえば、日本人は、特別にあらたまった場面をのぞいて、「わたしはあなたを愛しています」とはいわないでしょう。主語をはぶいて、「あなたを愛しています」といえば、それで十分でしょうし、場合によっては、ただ単に「愛しています」というだけで、はっきりと意味を通じさせることができます。日本語は、主語よりもむしろ述語に重点を置く言語です。日本語に基づく思考や行動は、主語の論理によってではなく、西田のいう「述語的論理」によって支えられているというべきです。ならば、信心を受容する場面において、かりに主語「我《われ》」が見あたらないとしても、それはさして大きな問題ではないと思われます。信心を与えられる場、その非在の何ものかにおいては、与えられて「信ずる」という事態が生起しうるのです。「我《われ》」ではなく、「あなた」でも「彼」でもない、だれでもないだれか、あるいは何ものかが信ずるのです。いいかえれば、だれが信ずるか、何ものが信ずるかは問題ではなく、信ずるという事態そのものが重要だということではないでしょうか。

　わたしは、ここに、自己を否定しようという志向性が顔をのぞかせているように思います。日本人は、「我《が》」を消し、「我《われ》」を否定することによって、信ずるとか愛する（恋する）とかといった、主語なき能作《のうさ》のなかに、あえて生きようとしてきたのではないでしょうか。端的に「信じています」「愛しています」とのみ語る、日本語の述語構造のなかには、暗に主語「我《われ》」が含意されていると見るむきもあるかもしれません。主語「我《われ》」を全面的に欠落させた言述《げんじゅつ》など意味をなさない、という見かたにも一理あるように思えます。けれども、そういう見かたは、自己否定しつつ「我《が》」を消すことによって、考えかつはたらこうという日本思想、文化に通底する志向性を、なかば強引に欧文脈につなぎとめようとくわだてるものにほかならないのではないでしょうか。「我《が》」を徹底的に消しさろうとする日本語の述語構造は、絶対的自己否定性に根ざしている、とわたしは考えます。自己を無《な》みし、そのあきどころに集合感情あるいは集合意識のようなものを、おのずからにという形で顕現させる。それこそが、絶対的自己否定性が含意するところでしょう。その含意は、親鸞の絶対他力という考えかたのなかにもこめられているのではないでしょうか。絶対的自己否定性ということに着目すると、日本思想、文化に内含《ないがん》されたさまざまな難問を解きあかすことができます。そして、それは、日本思想、文化に対して明確な論理を与えつつ、その輪郭をきわだたせることにつながってゆくように思われます。

3

埴谷雄高《はにやゆたか》は、その代表作『死霊《しれい》』の登場人物たちに、「自同律の不快」ということを語らせています。形式論理学のもとでは、自同律、すなわち同一律は、絶対に否定することのできない自明の論拠とされます。これを「わたし」なる存在に適用すれば、「わたしはわたしである」、あるいは、「わたしはわたしであってわたし以外の何ものでもない」という命題を導くことができます。埴谷が描く登場人物たちは、こうした自同律、同一律を、不快なもの、唾棄すべきものととらえるのです。晦渋このうえもない『死霊』は、なぜ自同律が不快なのかを、明確に語っていません。その点についての理解は、読者にゆだねられている、というべきでしょう。それゆえ、わたしは、わたしなりの観点から、「不快」の意味を探ってみたいと思います。

「わたしはわたしである」、あるいは「わたしはわたしであってわたし以外の何ものでもない」と考えることは、いつもすでにわたしをわたしに固着させようとしていることにほかなりません。さて、わたしたちは、わたしをわたしに固着させること、すなわちわたしがつねに一枚岩であることを欲するでしょうか。功なり名をとげて泰然たる構えをとる人物が、自分が自分であることを誇る場面に接した経験のあるひとは、わたしをわたしに固着させることをすばらしいことと思うかもしれません。逆に、何事をもなしえず、何ものをも手にいれられなかった人物が、その人生の終盤にいたって後悔の念をあらわにする場面に接したひとは、わたしへの固着をむなしいふるまいと見ることでしょう。ですが、問題なのは、人生に成功をおさめることでもなければ、失敗を悔いて自省することでもありません。そのひとの人生が初発の段階にあるか、途上にあるか、あるいは終焉に近づいているかということもさして問題ではありません。肝要なのは、つねにあらたなる自己を、すなわち、これまでになかった「わたし」を創《つく》りあげてゆくことです。旧態を脱し新態をめざす自己展開こそが、わたしたちのめざすところではないでしょうか。わたしがわたしに固着した瞬間に、自己展開の運動は終わってしまいます。そうであるならば、わたしたちは、わたしへの固着を廃して、つねに別のわたし、あたらしいわたしにむかって動いてゆかなければなりません。功なり名をとげた人間であれ、人生の敗残者とよばれるべき人間であれ、何のちがいもありません。功なり名をとげたわたしに固着しているかぎり、あらたな自己展開はありえないでしょう。敗残の悲傷に甘んじているかぎり、ただの負け犬のままで死にゆくだけのことです。いついかなる場合にも、どのような状況下にあっても、無限の自己展開を図ることこそが、わたしたちの人間たる証しではないでしょうか。自己展開を回避したとき、あるいはそれをあきらめたとき、わたしたちの人間としての生は終わりをつげるといってよいと思います。自己展開をはばむもの、それがわたしへの固着であり、この固着をしりぞけることによって、わたしたちは、人間にふさわしい生きかたができるのだ、といっても過言ではないでしょう。

ならば、真に人間として生きようとするひとにとって、自同律は、廃棄すべき不快な論理ということになります。自己展開には、終始否定性がともなわれていなければならないからです。「わたしはわたしである」「わたしはわたしであってわたし以外の何ものでもない」という境位にとどまるかぎり、自己展開など起こりえようはずもありません。「わたしはわたしでない」、あるいは、「わたしはわたしであってはならない」という視野がひらけるとき、わたしたちにははじめて自己展開が可能になるのです。つまり、「わたしはわたしである」という原初の自明性が自己否定されることこそが、自己展開の起発点だと申せましょう。埴谷は、自己否定に根ざした自己展開をめざすがゆえに、「自同律の不快」ということを強調したのだと思います。

「自同律の不快」とは、埴谷ひとりの独得の情念ではありません。それは、自己と自己がそこに置かれた現況とを、何らかの形で打開したいと願うひとびとに共通の心の在りようだ、とわたしは思います。わたしたちは、いま、何とかして閉塞した現状を動かそうとしているとしましょう。民主主義体制のもとに生きるわたしたちには、自分ひとりだけの意思や力で現状を打開する道を歩むことは不可能です。あたりまえのことですが、討議に基づく合意が必要です。その合意形成の場に、現状を追認して何もなそうとはしない人間や、現状を構成するもろもろの要素に基づいてしか思考できない人間がいたとすればどうでしょうか。わたしたちは、そういうひとびとに対して、無限に近い不快感をおぼえるはずです。その種の人間は、「わたしはわたしである」という自同律の枠組みを一歩も脱していないからです。その種の人間、すなわち自己否定性とはまったく無縁なひとびとは、けっして少数ではありません。彼らは、実社会ではつねに多数派を形成しているといっても、けっして過言ではないでしょう。埴谷は、「自同律の不快」を強調する際、そうした多数派を念頭に置いていたと解しても、的はずれではないと思います。

このように、埴谷のいう自同律の不快とは、現状肯定、あるいは何の反省もともなわない現状追認のうちに生きるひとびとが、自己否定性を欠落させていることに対するいらだちにほかなりませんでした。埴谷自身は、自己否定ということを、その作品の表面にうちだしているわけではありません。それは、埴谷の文学上の弟子高橋和巳《たかはしかずみ》によって、鮮烈な形で表出された論理でした。高橋は、一九六〇年代後半の学園紛争に深い関わりをもった作家です。彼は学園紛争の一方の当事者となった学生たちのあいだで、いわば思想上の教祖というべき存在と目《もく》されていました。当時の学生活動家たちは、自己否定ということをしきりに口にしていました。これまでの体制に順応する自己をみずから否定し、体制側の権威・権力に対する抵抗者へと自己を転換させること。それが彼らにとっての自己否定の意義でした。自己否定とは、当時の学生運動の指導原理であったといってもよいでしょう。この点にのみ着目するならば、高橋は、時代の波に乗り、流行を追って自己否定を説いたにすぎないように見えるかもしれません。しかし、事実はそうではありません。高橋は、学園紛争の盛期をさかのぼること、およそ十数年前から、自己の作品群をとおして、自己否定の論理を読者たちの面前に突きつけていたのです。事実上の処女作『悲の器』も、その後の『散華』や『憂鬱なる党派』などの作品も、主人公もしくは主要な登場人物の自己否定と、それを契機とする破滅とを主題とする作品でした。自己否定は、埴谷の影響を受けた高橋が、独自の立場からつむいでいった独得の思想・論理にほかならなかった、と申せましょう。

高橋の自己否定は、自己解体ということに直結しています。これまで体制内で営々と築きあげてきた思念や、体制内エリートとしての自己の立場を、暗い憤怒に突き動かされて完膚なきまでに解体しつくす主人公や登場人物たちの姿が、高橋の作品群には描かれています。そこには、高橋自身の戦争体験が複雑にからみあっているようです。終戦時にまだ十四歳にすぎなかった高橋に、戦闘体験があったわけではありません。ですが、彼は、学校教育をとおして、敗戦にともなう価値観の大きな転換を体験しました。昨日《きのう》まで神国日本の不敗を呼号し、「鬼畜米英」と叫んでいた教師たちが、手のひらをかえしたように、今日はアメリカ流の民主主義の卓越性を讃美するすがたに接したのです。そのとき、高橋の内部で、何かが音もなく崩れさりました。それは、人間の一貫した在りように対する信頼でした。信に足るものなど何もない、何もないと考えている自己自身すら疑わしい。そういう想いが高橋をとらえました。彼は、一貫した自己、何が起ころうとも超然として不変の姿を保つ自己などというものは、どこにも存在しえないという想いをいだくにいたったのです。高橋の懐疑的な視座から見れば、一貫性や不変性を誇る自己は、まやかしでしかありえませんでした。そのような自己を根柢から突きくずす論理を、彼は自己否定のうちに見いだしたのです。最晩年（一九七一年没）の高橋は、「上位価値をめざしての自己否定」ということを強調しました。単にこれまでの自己を否定すればそれでいいというわけではない、いままで自身が依拠していた低位の価値をなげうち捨てて、そのかわりに、より上位の価値を立て、それをめがけて自己を向上させること、それこそが自己否定の真の意義だというのです。こうした最晩年の言説が、高橋における自己否定の意味に関して、その一端を浮き彫りにするものであることは、否定できないでしょう。

しかしながら、高橋が遺した作品群において、主人公や登場人物たちは、自己解体ののちに無残に破滅してゆくのみで、解体され荒地となった場所に、あらたに何ものかをうちたてようとはしません。これを見るかぎり、作家としての高橋は、〝建設的な自己否定〟などという思想とはまったく無縁であった、というべきでしょう。高橋がその作品群で遂行した自己否定の跡に残るものは、完全なる虚無でした。廃墟といっても、いいすぎではないかもしれません。日常を生きる一個の人間、たとえば、京都大学文学部助教授（中国文学専攻）としての高橋が何を考えていたのかは知りません。しかし、すくなくとも、作家としての彼は、跡に何も残さない自己否定を、すなわち、無に直結する自己否定を志向していたと考えざるをえません。自己が自己にとって、いいかえれば、わたしがわたしにとって定在・定住の場であるとすれば、わたしを根柢から否定することは、わたしが在るべき場を失って、空《くう》に飛散することを意味するはずです。上位価値をめざしての自己否定という思想は、学園紛争において活動家たちの精神的支柱となった高橋が、みずからの役割に固執した結果生みだされた、いわば方便の思想であったといえましょう。方便は、真実を表明するために必要な一つの手段であって、それを語ることは、虚言を弄することと同義ではありません。けれども、方便はあくまでも手段にとどまり、真実そのものにはとどきません。高橋にとっての真実、すなわち彼の真意は、自己否定をとおして無を裸出させることにあった、と申せましょう。もしそうではなかったとするならば、すくなくともわたしには、高橋がなぜ自己否定を主題とする作品群を書かなければならなかったのかということ、ひいては、彼が作家であらねばならなかった理由が、まったくわからなくなってしまいます。

わたしは、高橋の思想を押し進めて、「絶対的自己否定性」という、徹底した自己解体の位相を浮きあがらせてみたいと思っています。上位価値概念やその他の目的をいっさいもたない、純粋で絶対的な否定性の境位に立ちたいのです。そうすることによって、否、そうすることによってのみ、日本思想、文化から、そこに一貫して通底する論理をひきだすことができると考えるからです。絶対的自己否定性という概念は、どこか遠くのほうで、西田のいう絶対無や、あるいは、田辺の説く絶対弁証法と響きあうのかもしれません。わたしは、自分には西田哲学や田辺哲学からの影響などまったくないと断言するほどに、不遜な人間ではないつもりです。わたしは、これら二つの哲学から多くのものを学び、それらをとおして、西洋哲学の文脈を念頭に置きながら日本的に思索することの意義を知りました。しかし、西田、田辺という二つの巨峰とわたしとのあいだには、無我をいかにとらえるかという点に関して、大きなへだたりがあります。西田、田辺の哲学が無の哲学であり、ひいては無我の哲学でもあることは、否定の余地のない事実です。ですが、彼らの哲学は、「我」を消しさったあとに、それにかわるものとして、いわば「真我」をうち立てようとします。彼らにおいては、無の背後に、いわゆる主語ではない、述語的な真我が想定されているように見えるのです。これに対して、わたしは、絶対的自己否定性は、無をも無に帰せしめる純粋用《ゆう》（はたらき）にほかならない、と考えています。すなわち、わたしのいう「絶対的自己否定性の論理」とは、自己にまつわるすべての事態・事象を無化し、それによって生ずる空隙《くうげき》に、真我をもふくめて何ものをも残存させない、いわば「純粋無」の論理なのです。

4

何が真の宗教かという議論は、昨今では、一般に回避される傾向にあります。特定の宗教を唯一無二の真なるものとしてしまうことは、宗教原理主義を導きかねないと危惧されるからでしょう。宗教原理主義は、自分の信奉する宗教以外のすべての宗教を邪教・邪説と見なし、それらを徹底的に拒斥するものです。現代の世界でも、宗教原理主義が幅をきかせる場合、そこにテロや戦争が惹起されるおそれがあることは、周知のとおりです。わたしは、こうした宗教原理主義に同調するつもりはありませんし、一つの宗教を絶対視しようとしているわけでもありません。しかし、わたしは、仏教において、その最高の形態を示すものは、浄土真宗であろうと考えます。

仏教は、元来、智慧と慈悲の教えです。仏教学の専門家のあいだでは、釈尊は慈悲についてあまり大きな関心をはらわなかったとされているようですが、すくなくとも、大乗仏教が、上求菩提《じょうぐぼだい》、下化衆生《げけしゅじょう》ということ、つまり、自利、利他ということを強調し、その文脈のなかで、慈悲を目標とする言説を示したことは、否定しがたい事実だと申せましょう。己れひとりのさとりを求める部派仏教（小乗仏教）よりも、万人を大きな乗り物にのせて救いとろうとする大乗仏教のほうが、より広い視野に立つものであること、すなわち宗教的により高度な位置を占めることは、だれしも否定できないであろうと思われます。その大乗仏教のなかで、最高の透徹した形態を示すのが浄土真宗ではないか、とわたしは考えるのです。

浄土真宗では、阿弥陀仏の智慧が、罪悪深重《ざいあくじんじゅう》・煩悩熾盛《ぼんのうしじょう》の、愚痴にして無力なる凡愚《ぼんぐ》（凡夫）を導くとされ、それによって、いわば「他力の智慧」という考えが披瀝されます。そのような智慧のもとに、凡愚は、往相還相二種廻向《おうそうげんそうにしゅえこう》（自利・利他）のうちに生かしめられると、浄土真宗は説きます。浄土真宗のこのような思想が、智慧と慈悲の教えの究極を示すことは、けっして否定できない、とわたしは思うのです。この、仏教の最高形態ともいうべき浄土真宗においては、当然ながら「諸法無我」ということが重んぜられ、その教説のなかでは、「我《が》」が完全に消しさられるはずです。親鸞や蓮如において顕在化する同朋主義や同行主義は、信徒の結合態ともいうべき集合性のうちに、個々の「我《が》」を解消するものだったといってよいと思います。

本章でもすでに説いたように、弥陀から与えられる信心は、本質的に、その受容体としての主体我を前提としないものでした。信心は、「我《が》」でもなければ、特定の「場所」でもない、いわば集合意識のような実体なき実態のなかを浮遊するものなのです。ところが、浄土真宗は、浄土への往生ということを考える際に、浄土を「有」として実体化し、そこに往き生まれる者を「我《が》」なるものとして定立させてしまうように見えます。これは、浄土を西方極楽浄土という場所としてとらえることに由来する考えかたであり、実は、宗祖親鸞の教説から少なからずずれているといわざるをえません。親鸞は、浄土を場所ととらえて実体化することを避けています。親鸞にとって浄土とは、無量光である弥陀の光が存在するだけの、非実体的な空無の場を意味していました。したがって、その空無の場に、「我《われ》」なる主語的実体が往《ゆ》き生まれるというような事態はとうてい起こりえないことになります。親鸞にとって、浄土は、特定の場所ではありえず、それゆえ、そこに衆生の「我《が》」が定位されるなどということは、けっして認められないことだった、と申せましょう。

親鸞の師法然は、「偏依善導《へんねぜんどう》」、すなわち「ひとへに善導一師に依る」という姿勢をとっていました。したがって、法然は、善導の『観無量寿経疏《かんむりょうじゅきょうしょ》』と善導が依拠した『観無量寿経』とに基づいて、自己の思索を展開することになります。『観無量寿経』は、衆生がいかにして浄土に達しうるかを、浄土を一つの世界として実体化しつつ提示する経典です。わけても、そこで説かれる定善十三観《じょうぜんじゅうさんかん》は、実体化された浄土への道程を具体的に示すものであるがゆえに、善導や法然によって、浄土教の核心を語るものと目されました。定善十三観を実践しえたものは現世での生を終えたのちに浄土へ往き生まれるというのが、『観無量寿経』の趣旨です。法然たちは、「我《われ》」が往き生まれ、そこに定在する特定の場所として浄土をとらえていたといっても、けっして誤りではないでしょう。

親鸞は「正信念仏偈」において、浄土七高僧の諸説を讃嘆しています。七高僧のうちには善導も法然もふくまれておりますから、親鸞が、この二人の所説とその原拠たる『観無量寿経』を無視するはずはありません。『歎異抄』の第九条に、娑婆《しゃば》の縁がつき果てたのちに、いたしかたなく浄土に往くのだという言辞が見えること、あるいは、親鸞が関東の門弟に与えた消息に「お浄土でお待ち申している」という文言《もんごん》があることなどを勘案するならば、親鸞は、法然と同様に、臨終往生説に立っていたと考えてもよいように思われます。しかしながら、親鸞は、法然や善導にしたがいながらも、彼ら以上に、世親と曇鸞を敬仰していました。それは、親鸞という名が、世親の「親」と曇鸞の「鸞」からとられていることによってあきらかである、といえます。世親と曇鸞は、浄土観をめぐって、善導や法然とは別種の認識をもっていました。以下、その別種の認識を論じてみたいと思います。ただし、口惜しいことに語学力の壁があり、サンスクリットや漢文の綿密な理解を欠くわたしには、独力での跡づけが困難です。そこで、わが国における近代仏教文献学の泰斗山口益《やまぐちすすむ》が、世親と曇鸞の浄土観を緻密に分析した書『大乗としての浄土』に即して、論述することにいたします。

『大乗としての浄土』によれば、浄土は、わたしたちが死後におもむく西方極楽浄土などではありません。わたしたちは、通常、死んだらお浄土に往って、そこで安楽にくらすのだと想像しがちです。けれども、これまでくりかえし述べてきたように、仏教は本来「諸法無我」を説きます。仏教では、この現実世界に「我《われ》」として見えて在るものは、無自性《むじしょう》、つまりそれ自体としての独自の性質のないもの、すなわち、非実体なのです。だとすれば、いったい何ものが浄土に往くのでしょうか。「我《われ》」なるものがそこに往き、そこを実在の場所として、現世の富裕者のような安楽な生活をおくるなどと考えるのは、あきらかに、仏教本来の教説からの逸脱です。小乗経典と大乗経典を読みつくした世親や、三論に通暁していた曇鸞が、そのような逸脱をおかすはずがありません。彼らの目から見れば、「我《われ》」なる主語実体が、浄土なる実体的場所に定在するなどということはありえないことでした。

そもそも、世親や曇鸞にとって、浄土とは、妙《たえ》なる有《う》、すなわち「妙有《みょうう》」ではありません。妙有として実体化され場所化された浄土などというものは、人間の現実に根ざして幻視された架空の世界にすぎません。その実在を信じることは、浄土教を神話の世界に投げいれること以外の何ものでもないでしょう。神話は、人間の知性がおよびえない事象や事態に対して仮設される蓋然的説明ですから、それ自体全面的にしりぞけられるべきものではありません。人類の知性に限界があるかぎり、いつの時代になっても、神話は創《つく》られつづけることでしょう。しかし、神話なしで解決されうる問題ならば、それはあくまでも人間の知性の枠内でとらえられ、探究されるべきです。世親や曇鸞にとって、浄土は神話の対象ではありませんでした。それは、徹頭徹尾知性によって説明可能なものだったのです。

世親や曇鸞は、浄土は妙有《みょうう》ではなく「妙用《みょうゆう》」であるといいます。妙用とは、妙《たえ》なるはたらき、すばらしい作用という意味です。何ゆえに「妙《たえ》なる」「すばらしい」はたらきなのかといえば、それは、ひとえに浄化（purification）のはたらき・作用だからです。つまり、世親や曇鸞にとって、浄土とは、妙有《みょうう》として実体的に特定される場所や世界ではなく、すべてを浄《きよ》めてゆく能作《のうさ》にほかならなかった、と申せましょう。彼らは、しかも、その能作の主体を特定しません。何ものかの意思、おそらくは阿弥陀仏の意思がその淵源《えんげん》にあることはたしかでしょうが、浄土はその意思によって限定されることなしに、浄化という能作そのものでありつづけるというのが、世親や曇鸞の浄土観の根幹をなす基本認識であったようです。はたらきそのもの、能作そのものである浄土が、「我《が》」の定位される実体的場所などではありえないことは、もはや喋々するまでもないでしょう。世親や曇鸞の浄土観においては、完全に「我《が》」が消しさられている、すなわち、「無我」の浄土ということが考えられているといえます。

親鸞が、世親や曇鸞の浄土観をどこまで精確に理解していたかはわかりません。ですが、西方極楽浄土という、現世の世俗的幸福を模した世界を化土《けど》と見なし、無量の光の束のようなものを報土ととらえるとき、親鸞はある程度まで明確に彼らの浄土観を察知していたのではなかったでしょうか。だとすれば、彼は、いったんは法然たちの臨終往生説を認めつつも、最終的にはそれを突きぬけて、真に仏説に即した往生説に、かぎりなく近づいていったものと思われます。親鸞にとっては、浄土に往き生まれ、そこに定在する「我《われ》」などというものはありえなかった、といってよいのではないでしょうか。親鸞は「我《が》」を消しさる論理とけっして無縁ではなかったと思われます。それどころか、彼はその論理のなかを生きぬいたというべきでしょう。その意味において、親鸞は、釈尊の教えを直接継承する真の仏者でした。では、こうして、世親や曇鸞からひきつがれた、釈尊の教えに即する教説は、日本思想、文化の理解にとって、いったいどのような地平をもたらすのでしょうか。

5

物思ふ事始まりぬ十《とお》の秋

右は、伊藤淳という現代俳人の句です。想像するに、作者は、窓辺にたたずんで、ものみな枯れゆく秋の風景に見いりながら、何を想うともなく漠たるもの想いにふける自分の娘の姿を詠んでいるように思われます。しかし、これはあくまでも、わたしの個人的な読みにすぎず、実際はそうではないのかもしれません。作者が十歳のころの自分をふりかえっているともとれますし、窓辺に立つ他家の子どもを見ての、思いいれにも似た感慨ではないかと解することも可能です。句意は多義的なゆれを見せており、一義に限定することは不可能に近いと思います。にもかかわらず、この句は、読み手の心をうちます。なぜでしょうか。おそらく、作者の「我《が》」が後景にしりぞいて、不特定でありつつもしかと定位される少女（あるいは少年）の心情の動き、情緒のゆれが、主語的基体と無縁なままに美しく描き出されているからではないか、と思います。つまり、この句には、ただ心のはたらき、能作《のうさ》のみがあらわされていて、能作主体がみごとに抹消されています。いわば、「妙有《みょうう》」を離れた「妙用《みょうゆう》」が、宙づりの形で投げだされ、それによって、だれのものでもなくそれゆえだれのものでもありうる情緒がにじみでている、と申せましょう。ここには、主語主体の意識的滅却という絶対的自己否定をとおして、透徹した「妙用《みょうゆう》としての無我」が立ちあらわれているといっても、けっして誤りではないでしょう。

　このような、妙用《みょうゆう》としての無我を表出するのは、現代俳句ばかりではありません。俳諧文芸の創始者というべき芭蕉の句のなかにも、それは瞭然たる形であらわれています。左に掲げるのは、「病中吟」として有名な、芭蕉の辞世句です。

旅に病んで夢は枯野をかけめぐる

芭蕉は、門人たちのもめごとを調停すべく大坂に上り、現在の南御堂付近にあった商人の屋敷で病《やまい》に倒れ、そのまま帰らぬひととなってしまいました。こうした史実を念頭に置き、さらには、「夢」が元来は「寐目《いめ》」すなわち、眠っているときに空中移動することも可能な動く眼という意味であったことを考慮するならば、わたしたちは、この句をつぎのように解釈することができるでしょう。旅中に病んで床に臥せっている芭蕉は、眠っているときに自分の動く眼が旅にでて枯野をかけめぐっているさまを詠んでいるのだ、と。しかし、この解釈は、史実や語源論を前提としてはじめて可能になるもので、いっさいの前提を欠いたままこの句に接した場合には、解釈に大きなゆれが生ずるのではないでしょうか。

前提がなければ、まずだれが旅に病んでいるのか、そもそもその旅がいずこをめざすもので、句の主体は旅程のどの段階にあるのか、ということすらわかりません。明白なのは、どこかへの旅の途次にだれかが病にかかり、そのひとが枯野をかけめぐる夢を見ているということだけです。この句は、それ自体としては、受け手にほとんど何の情報も伝えていないといっても過言ではありません。ところが、病中の苦しみや哀愁、すなわち、心の動き、情緒のゆれは、読み手の心にひしひしと伝わってきます。それは、芭蕉の「我《が》」が絶対的自己否定によってうち消され、無人称な情の動きが虚空に遍在するからではないでしょうか。自我とは重いものです。自分の「我《が》」にとらわれ、それを外部に押しひろげようとするとき、わたしたちは、そのあまりの重さに圧《お》しつぶされそうになってしまいます。芭蕉は、「軽《かろ》み」ということを大切にしました。「軽み」とは、そのような重い自我をうち捨てて、つまりは絶対的自己否定性を貫いて、情緒（心の純なる流れ）という妙用《みょうゆう》に身をゆだねることを意味するのではないでしょうか。俳諧・俳句の真髄はおろか、その外縁にすら触れたことのないわたしが、このようなことを語るのは不遜以外の何ものでもないのかもしれません。ですが、芭蕉の「軽み」の伝統は、彼の死後に多くの俳人たちによって連綿と受けつがれ、前掲の伊藤淳の句をも貫いているように見うけられます。

絶対的否定性をもって「我」を消しさり、妙用のはたらきを非主語的かつ非実体的に措定しようという傾向性は、俳句にのみみとめられるものではありません。それは、古代和歌に特有な「動詞・補助動詞の終止形＋見ゆ」という文形式においても顕在化しています。例証すれば際限もありませんので、ここでは、以下の代表的な一例のみをあげておきます。

あしひきの山にも野にも御狩人《みかりひと》さつ矢手挟《やたばさ》み騒《さわ》きてあり見ゆ（萬葉集巻六、九二七）

これは、天皇の吉野行幸に付きしたがったおりに、萬葉歌人山部赤人が詠んだ歌です。すでに述べたかと思いますが、専門の萬葉研究者のなかには、日本語では動詞・補助動詞の終止形に動詞が下接することはありえないという観点から、こうした場合の「見ゆ」は、動詞ではなく助動詞と解するべきだ、と説くむきもあります。語法の意義を問題とするかぎり、妥当な解釈というべきでしょう。しかし、もし、「見ゆ」を「なり」と同様の婉曲の助動詞と解して、その現代語への訳出を拒否するとすれば、作者がなぜわざわざ「〜見ゆ」とうたわなければならなかったのか、その理由が判然としなくなってしまいます。ここは、「見ゆ」の助動詞としての性格を顧慮しながら、およそつぎのように現代語訳するのが妥当であろうと思われます。「見わたすかぎり、山にも野にも御狩人たちが矢を挟みもってひしめきあっているさまが、いま見えて在る」。一首の眼目は、天皇の狩りの盛大さを讃嘆することにあるわけですから、天皇を、狩りの主催者、狩りの主体と見る考えが、その基軸をなしていることは疑いえないでしょう。ですが、実際に矢を放って狩りを行うのは「御狩人」たちです。彼らが矢を挟みもってひしめきあっているという能作《のうさ》が、ここには描かれています。しかし、その有様を見ているものがだれであるのかを、一首は明示していません。文脈上、見えて在る場を赤人の「我《われ》」ととらえることは、いたって容易であるように見えます。

けれども、それは、実は、赤人が天皇の御狩《みかり》に供奉したということを非文脈上の前提とするがゆえに成り立つ解釈であって、その非文脈的前提をとりはらってしまえば、いったいだれにとって見えて在るのかは、よくわからなくなってしまいます。非文脈的前提を措定するのは、あくまでも近代的読解です。赤人自身、ひいては、赤人と歌の座を共有する萬葉人たちは、かならずしもそれを求めてはいなかったと思われます。それを求めないとすれば、ここでは、御狩を見る主体なき動作

（能作《のうさ》）が、それ自体で自律自存することになります。つまり、「矢を挟みもって」いること、「ひしめきあっている」さまが、それを見る者の具体的に示されない情況のもとで、いわば宙に浮きながら存在していることになるのです。赤人は、あえて見ている自分を抹消することによって、いいかえれば、絶対的自己否定性を踏まえつつ無我になることをとおして、御狩の現場をいきいきと描写することに成功している、と申せましょう。

個々の歌や句においてではなしに、一つの文芸作品全体が、「我《が》」を消そうという志向性を示す場合もあります。たとえば、『平家物語』が、それです。『平家物語』には読み物系、語り物系に大別される数十にあまるテキストがあり、それらのうちのどれをもって真の『平家物語』とすべきかは、議論のわかれるところです。ここでは、いちおう、語り物系の祖本の一つと見られる覚一本をテキストにしておきます。覚一本のみならず、諸本の冒頭には、ほぼ共通して、以下のような、物語全体の主題表明ともいうべき一節があらわれます。

祇園精舎《ぎおんしょうじゃ》の鐘《かね》の声《こえ》、諸行無常《しょぎょうむじょう》の響《ひびき》あり。
娑羅双樹《しゃらそうじゅ》の花の色、盛者必衰《じょうしゃひっすい》のことはりをあらはす。

古代インドの祇園精舎では、僧が入滅するたびに鐘をつきました。その鐘の音色は、「諸行無常」、つまりいっさいは常ならざるものとして流転するという事実をあらわす、といいます。娑羅双樹とは、インドに分布するものの、日本には生息しない木です。古くから、日本では、それは夏椿のこととされていました。これは初夏に咲く一日花です。わずか一、二日で散ってしまうこの花は、いかに盛んなるものもいつかはかならず滅びるという理《ことわり》をあらわすものだ、と作者（あるいは作者たち）はいいます。そして、この理は、万人にとって回避しえない運命の具現であると物語は説くのです。だれであれ、ひとはみな諸行無常、盛者必衰の運命を逃れることはできず、運命の流れるままに生き、そして朽ち果ててゆかざるをえないという、いわば一種の〝滅びの哲理〟こそが、『平家物語』の主題であったといってもよいでしょう。

平清盛、源義経、源義仲、後白河法皇などの、この物語の登場人物たちは、いずれも、強い個性、すなわち強烈な「我《が》」をもつ人物として描かれています。『平家物語』は、個我《こが》をめぐる文芸だったといってよいようにすら見うけられます。ところが、これらの個性あふれる登場人物たちは、運命の巨大な流れに抗することができません。どれほどあらがってみても、結局のところ、彼らは運命にのみこまれてしまいます。彼らの個性は、運命の力によって抹消され、ただ運命とその能作《のうさ》のみが跡に残る、といっても過言ではありません。このことは、源平合戦の最終局面において、平知《とも》盛《もり》が発したことばのなかに具現されます。源平最後の合戦、壇ノ浦合戦に平氏方の最高指揮官として臨んだ平知盛は、戦闘開始の直前に、舟の屋形に立って大音声《だいおんじょう》を発します。彼は、麾下全軍にむかって、こう語ったのでした。

いくさはけふぞかぎる。物どもすこしもしりぞく心あるべからず。天竺《てんじく》・震旦《しんだん》にも、日本我朝《わがちょう》にもならびなき名将、勇士といへども、運命尽きぬれば力及ばず。されども名こそおしけれ。東国の物共によはげ見ゆな。いつのために命をばおしむべき。これのみぞ思うふ事。

知盛はいいます。たとえ、インドや中国、あるいはわが日本国で無双の名将、勇士といわれるような剛の者であっても、運命がつきた以上は、もはやどうすることもできない、と。ここには、運命とそのはたらきが、個人の力、個の「我《が》」性をこえて、万事を支配するという認識が披瀝されています。「されども名こそおしけれ」とあるのを見れば、運命がつき果てて敗北の憂き目を見たとしても、個人（個我）としての名声だけは守らなければならないという、いかにも武士らしい心性がここにあらわされていることは、疑いようがありません。『平家物語』においては、個々の登場人物による絶対的自己否定はなされていないというべきなのかもしれません。しかし、万事・万象を支配し、決定的な摂理としてはたらく運命が、個々人の「我《が》」性を無《な》みしてしまうことはいかにしても否定できません。物語全体を、運命という、人間の能力をこえた理法が貫き流れています。『平家物語』の真の主人公は、清盛でも義経でも、あるいは義仲でも知盛でもなく、運命ないしはそれによって統御され「我」を消しさられてしまう人間の態様《たいよう》そのものであった、と申せましょう。『平家物語』は、個々の登場人物たちに「我《が》」を主張させつつも、つまるところ、その「我《が》」を抹消する文芸、「無我の文芸」であったといえます。

無我の文芸もまた、自己否定性に裏づけられた俳句文芸と同様に、一つの伝統を形成し、近代にまでひきつがれます。ここでは、中島敦の代表作の一つ『名人』をあげてみましょう。この作品では、弓の道において一つの達成態をめざす主人公の姿が描かれます。主人公は、名人になるべく、修行に修行を重ねます。その後数十年を経て、自他ともに認める名人となるにいたり、ひとびとに乞われて弓の芸を披露しに巷に出むきます。ところが、そこで奇怪な事が起こります。名人となった主人公は、弓を手にとったものの、それが何なのかまったくわからなくなってしまっていたのです。おそらく中国古典に取材した作品でしょうから、これを単純に日本思想、文化の本質をあらわす文芸とうけとってしまうことには危険がともなうかもしれません。ですが、ここには、東洋的でもあり日本的でもある「無の思想」が端的に表出されていると思われます。主人公は、「我《われ》」という主体が弓という対象（客体）にむきあっていると考えていた修行の段階では、いまだ名人となることができませんでした。「我《われ》」が弓を手にして矢をつがえ、的を射ているという意識が消えたとき、彼はようやく名人という境位にまで達しえたのです。しかし、そのとき、無になったものは「我《われ》」だけではありませんでした。主体我が、絶対的自己否定性によって消しさられると同時に、客体としての弓の意味も失われ、すべてが無に帰してしまったのです。作者は、まさに「無の文芸」をつくったのだと申せましょう。

　このように、俳句や和歌、戦記文芸や小説などの伝統について、その概略を追ってみると、日本の思想や文化が、絶対的自己否定性の論理に基づいて、極力「我《が》」を抹消することを志向した、無我の思想、文化であったことがはっきりしてまいります。「形なきものの形を見、声なきものの声を聞く」という東洋思想の真髄を、西田幾多郎が、欧風の哲学的文脈に基づいて論理化しようとくわだてたことは、すでに述べたとおりです。彼の「場所」の論理は、そうしたくわだてがなかば成功したことを示すものです。しかしながら、西田は、場所がたとえ無の場所であっても、それがどこかに実在するものとして有である（有としての側面をもつ）かぎり、真に無を具現させることはありえないという点を見すごしていたように思います。絶対矛盾的自己同一は、「自己」同一であるかぎり、どうしても「我《が》」を残存させてしまいます。逆対応は、親鸞思想や禅思想を論理づける力を有するものの、有《あ》るものと有《あ》るものとを対応させるがゆえに、やはり無の論理とはなりえません。西田には、絶対的自己否定性によって、「我《が》」を完全に消去してしまおうという志向性が欠けていました。つまるところ、その欠如のゆえに、西田は日本思想、文化を貫く論理をつむぎだすことに、完全には成功することができなかったのだ、と申せましょう。

　もとより、このことは、西田哲学がまったく無意味な哲学であることを意味するわけではありません。独自の論理をもった日本最初の体系的哲学としての西田哲学が、洋の東西の別をこえた全思想史のなかで多大な意義を有することは、けっして否定できない、とわたしは思います。したがって、今日なお西田哲学の細部を分析することに生涯を賭する研究者があまた存在する事実は、日本における哲学研究にとって大いに意義のあることだと考えます。

田辺哲学に関しても、事情はほぼ同様です。田辺元は、ヘーゲル哲学や西田哲学に学び、絶対無の弁証法ともいうべき絶対弁証法を確立しました。この絶対弁証法が、種の論理という斬新な実践的社会哲学をうみだし、かつは、親鸞の三心釈や三願転入を哲学としてとらえきることに寄与したことは、すでに述べたとおりです。それは、親鸞思想をも包みこんだ大乗仏教の根本思想、「上求《じょうぐ》菩提《ぼだい》、下化《げけ》衆生《しゅじょう》」の思想、すなわち、「自利、利他」の思想を論理化するものでした。大乗仏教が日本思想、文化の根柢をなすことに思いをいたすならば、田辺哲学は、日本思想、文化の根源にまでさかのぼって、そこに明快な論理をもたらすものだったといってもよいと思います。しかしながら、田辺は、絶対的自己否定性ということを、具体的にとらえきることができませんでした。己れを死なしめることをとおして愛を実践するという田辺の最晩年の境地、すなわち、「死の哲学」が強調する死即愛、愛即死（無即愛、愛即無）という境地は、たしかに自己否定性を媒介としてこそ実践可能となるものです。けれども、田辺は、死にきった「我《われ》」、無に徹した「我《われ》」が現世という、いわば「有《う》の場」で愛を実践することを求めています。そのかぎりにおいて、田辺には、主もなく客もない、純動（純粋なはたらき）としての妙用《みょうゆう》が、場所や「我《が》」を廃棄しつつ、ただそれ自体としてはたらくという発想がなかった、といえます。わたしはその点に田辺哲学の不徹底を見ます。

くりかえしになりますが、わたしのいう「絶対的自己否定性」とは、「我《が》」を完全に消去する無我の論理です。それは妙有《みょうう》ではありません。あくまでも妙用《みょうゆう》です。しかも、その妙用《みょうゆう》は、主語実体としての「我《われ》」をも、はたらきの対象としての客体をも求めません。あえて有にまつわる言説をもってこれを説明するならば、妙用《みょうゆう》、すなわち絶対的自己否定性は自己限定することによって、動きかつはたらくのだ、と申せましょう。絶対的自己否定性は、この宇宙のどこかにふんわりと浮き漂っているのであり、それが自己限定という形をとって、日本思想、文化の内奥へと浸潤してゆく、というのがわたしの考えです。いまだに理性主義に固執している現代の哲学研究者たちが、わたしの言説を耳にすれば、神秘主義にすぎないとして、これを否認することでしょう。しかし、かりにわたしが神秘主義の言説を展開しているとしても、ただそのことだけを理由にしてわたしを批判ないし非難することは、けっして当を得たふるまいとはいえないと思います。はたして、この世界には、神秘などないと断言できるのでしょうか。理性によって、万事・万象は説明しつくされているのでしょうか。そもそも、理性には何の欠陥もないと断定することができるのでしょうか。つぎの最終章では、こうした問題への応答を模索しながら、わたしのいう「絶対的自己否定性の論理」の意味するところを、なおいっそうきわだたせてみたいと思います。

終章　理性主義的非理性主義批判

1

よく知られているように、ストア学派の開祖キティオンのゼノンは、理性の力によって感情のゆれを抑止し、それをとおして心に平静をもたらすことを、アパテイア（無感不動）と称して学派内のひとびとに慫慂《しょうよう》しました。彼にとっては、哲学とは理性に基づく冷静な推論によって構築されるべき営みであり、もしそこに感性・情念の作用が何らかの影響をおよぼすとすれば、哲学は自壊してしまうと考えられたのです。理性に基づく推論とは、AならばB、BならばC、CならばD……という形で筋道だてて思考することで、それが哲学の方法でなければならないことは、ほとんど自明のことです。哲学は、理性に生きる動物（homo sapiens）たる人間にとって、必要にして不可欠な精神の営みであるといってよいでしょう。その精神的な営みが理性のはたらきにしたがって遂行されるべきであることは、どのような角度から見ても否定のしようがないように見えます。

　ですが、キティオンのゼノンが試みたように、理性の権能をもって感性・情念を抑《おさ》えこもうとすることは、人間にとって幸せなことなのでしょうか。人間には、喜怒哀楽の感情があります。喜ぶこともあれば怒ることもある、ときには哀《かな》しみに暮れ、またときにはうきうきするような楽しみをおぼえることもあるというのが、人間の現実的な在りようです。怒ることや哀しむことは、いわば「負《マイナス》」の感情であり、そのようなものが内心に湧かないことが理想なのかもしれません。だとすれば、理性によって怒や哀を抑えこむことは、けっしてまちがいではない、と申せましょう。しかし、喜や楽まで抑止してよいのでしょうか。喜や楽のなかに生きること、もしそれが許されないとすれば、人間の生は、無味乾燥な、実にあじけないものになってしまいます。世のなかには、理性にのみ生き、何の感情もおぼえないことに大きな喜びを見いだすひともいるのかもしれません。ですが、すくなくともわたしは、喜もなければ楽もないような人生をおくりたいとは思いません。キティオンのゼノンの理性主義を、あまりに極端なゆきすぎた哲学・思想と観ずるのは、おそらくわたしひとりではありますまい。

　そもそも理性とは、ストア学派のひとびとがこれを敬仰してやまないような、そんなにもすばらしいものなのでしょうか。理性が万事・万象の本質を解きあかしてくれるとすれば、たしかにそれは人間の能力のなかでもっとも卓越したものであり、わたしたちは、ただ理性にのみしたがって生きるべきだということになるのかもしれません。しかしながら、わたしには、理性は万能ではなく、むしろそれ自体のうちに大きな欠陥を有しているように見えます。したがって、わたしは、ただ理性にのみ服して生きることは、かなり危険なことなのではないかと思います。現代でもなお哲学研究の主流をなす理性主義者たちは、理性に限界か欠陥があるなどという言説を耳にすれば、それこそ理性主義的で平静な在りようをかなぐりすてて、非理性的に怒り狂うことでしょう。けれども、西洋の理性主義哲学の歴史をざっとながめただけでも、わたしたちは、いわゆる理性万能論に対して、疑念を投げかけざるをえないように思われます。

キティオンのゼノンをさかのぼることおよそ一世紀半前、エレア学派のなかに、おなじくゼノンという名の哲学者がおりました。このゼノン、すなわちエレアのゼノンは、パルメニデスの弟子であったといわれています。パルメニデスは、「存在とはかつて在ったものでもなければ、これから在るであろうものでもない。それは一《いっ》なるものとしていま現に在る」と述べたといわれる哲学者です。この言説が史実を映しだしているとすれば、パルメニデスは、「存在」を不動にしてつねに現在において在るものと解していたことになります。すなわち、パルメニデスは、「存在」を「生成」からひきはなし、前者を運動しないものととらえていたと考えられます。田辺元などは、パルメニデスの思想のうちに、運動の論理である弁証法の萌芽態をみとめておりますので、厳密にいえば、運動否定論をパルメニデスに帰するべきか否かは、議論の余地のある問題だと申せましょう。ですが、いまはパルメニデスの真意を緻密に検証することが目的ではありませんから、いちおう、彼は運動を否定する見解に立っていたと見ておくことにいたします。この世界に運動などありえないという言説を耳にしたひとは、だれしも違和感をおぼえずにはいられないだろうと思います。実際に、走っているひとや、レスリングをしているひと、物を書いているひとなどを目にしたことがあれば、何ものも運動しないなどと語ることは、ほとんど狂気の沙汰にしか思えないことでしょう。ところが、純粋に理性的に思惟し、推論するならば、その言説は、至極《しごく》妥当なものとなってまいります。このことを具体的に証明してみせたのが、パルメニデスの高弟エレアのゼノンでした。

エレアのゼノンは、もし運動が可能だとした場合に生ずるパラドクス、すなわち「逆理」を四つあげています。ここでは、四つすべてをとりあげるゆとりはありませんので、そのうちの二つだけを紹介し、検証してみたいと思います。二つのうち一つは、「飛ぶ矢はとまっている」という逆理です。いまA地点に立つわたしが、射程距離のぎりぎりとなるB地点にむかって、弓で矢を放ったとしましょう。矢は抛物線を描いてB地点付近へと飛んでゆくはずで、それはA〜B間のどの地点にも静止していないと考えられます。ところが、エレアのゼノンは、矢がB地点付近まで飛ぶためには、各瞬間ごとに各地点で、矢それ自体の長さ分だけ静止していなければならない、というのです。矢の運動を理性的にとらえ、小わけして考えれば、当然そういうことになります。すると、わたしたちは、「飛ぶ矢はとまっている」といわざるをえなくなります。これはあきらかに逆理であり、このような常識に反する逆理が生ずるのは、わたしたちが運動などというありもしないものを仮想（謬想《びゅうそう》）するからだ、とエレアのゼノンは主張します。ただし、この逆理は、絶対に解消不能というわけではないように思えます。矢は、各瞬間ごとに各地点で静止しながらも、断続的に動いてゆく（飛んでゆく）と考えることができるからです。「飛ぶ矢はとまっている」という逆理は、わたしたちを極度に困惑させるパラドクスではなさそうです。しかしながら、もう一つの逆理は、わたしたちを大いに混乱させ、それはいかにしても解決不能なのではないかと思わせます。「アキレウスと亀」という逆理がそれです。

　アキレウスは、古代ギリシアを代表する英雄であり、卓越したアスリートでもあります。彼はいうまでもなく駿足です。これに対して、亀は、極度に足の遅い動物です。鈍重といってもよいでしょう。さて、このアキレウスと亀がどちらが速く走れるかを競争したとしましょう。同一地点から同時にスタートしたのでは、アキレウスが勝つにきまっており、何のおもしろみもありません。そこで、アキレウスのスタート地点をAとし、ゴールを五百メートル前方のZ地点として、亀はアキレウスよりも二百メートル先のB地点からスタートすることにしましょう。号砲とともに競争がはじまりました。アキレウスは、亀を追いぬくためには、まずは亀に追いつかなくてはなりません。アキレウスは、猛然とダッシュして、亀がいた（スタートした）B地点に到達しました。しかし、彼は亀を追いこすことができません。アキレウスがスタート地点AからB地点に達するには、t_1という時間を要しており、そのt_1のあいだに亀は五メートルほど先に動いてC地点に行っているからです。距離はわずか五メートルにまでちぢまりました。アキレウスは、何の労作もなく亀に追いつき追いぬけるはずです。彼は亀を追ってB地点を離れC地点に達しました。ところが、アキレウスは亀を追いこせません。彼がB地点からC地点に行くまでには、t_2という時間を使っており、t_2時間のあいだに亀は数十センチほど先のD地点に達しているからです。アキレウスはさらにD地点にむかいますが、やはり追いこせません。D地点に行くにはt_3という時間が必要で、t_3のあいだにまたしても亀はわずかながらも前進してE地点に行ってしまっているからです。ゴールZ地点に至るまで、競争はこうした形で展開され、かくて最終的な勝者は、アキレウスではなく亀ということになります。

このようなことは、感覚的事実の世界では、起こりえようはずもありません。実際には、アキレウスはスタート後二十数秒以内に亀を追いぬき、後方はるかかなたに亀をおきざりにしながら、ゴールのZ地点に到達するにちがいありません。ところが、感覚的にではなく、純粋に理性的に考えると、アキレウスは、どうしても競争の敗者とならざるをえないのです。エレアのゼノンは、この逆理をもって、運動などありえないことの論拠とします。もしこの逆理を放置しておくとすれば、理性的事実と感覚的で実際的な事実とのあいだに、決定的ともいうべききくいちがいが生ずることになります。それゆえ、多くの哲学者や数学者たちが、エレアのゼノンのこの逆理をうちやぶろうとして、二千五百年ものあいだ懸命の努力をはらってきました。

たとえば、アリストテレスは、エレアのゼノンが無限分割の可能性を逆理の前提としていることを指摘したうえで、無限ということは起こりえないから逆理そのものが成り立たないと、主張しています。世界を完結した球体と見るアリストテレスが、無限はないとするのは当然のことでしょう。アリストテレスの哲学、なかんずくその論理学によって基礎づけされた西洋中世の哲学・神学においても、やはり無限は不可能と目《もく》されました。しかし、近代数学では無限は認められます。たとえば、パスカルは、自然数 n を任意に設定するとき、かならず n+1 が存在し、かくて自然数は無限となる、と説いています。現代の宇宙物理学では、宇宙の無限の膨張ということが主張されます。そうすると、無限の不成立を論拠にしてエレアのゼノンの逆理を解決するのは、現段階では不可能だといわざるをえません。そのほかにも、時間を要さない（時間が経過しない）運動を想定して、この逆理にいどもうとする立場などもありますが、どれもみな確たる論拠を示すにはいたっていません。結局、現代でもなお「アキレウスと亀」の逆理は、しかるべき解決の道がひらかれないままに据え置かれているといえましょう。わたしは、この逆理は、運動不可能説を保証するものというよりも、むしろ、人間の理性に何らかの根源的な問題がはらまれていることを証示するもののように思います。その根源的な問題は、カントの説く純粋理性の二律背反（Antinomie）を参看するとき、いっそうはっきりとした相貌を呈してくるようです。

2

純粋理性の二律背反とは同一物（同一の主語）に関して、定立と反定立の二つの命題が、ともに正当なものとして成り立つことを意味しています。カントは、『純粋理性批判』のなかで、以下の四つの二律背反をとりあげています。

①定　立　世界ははじまりと終わりとをもつ。
反定立　世界にははじまりも終わりもない。
②定　立　世界は単純なるものから成る。
反定立　世界には単純な部分などない。
③定　立　世界は因果必然的な法則によって支配されている。
反定立　世界には因果必然的な法則などない（それゆえ人間は自由である）。
④定　立　世界は絶対的存在（神）をもつ。
反定立　世界には絶対的存在（神）などいない。

カントのこの二律背反は、一つには彼が、アリストテレスの形式論理学から完全に脱却することができなかったために、そして、もう一つには彼が依拠したニュートン物理学の限界ゆえに生じた面があり、現代哲学では、かならずしも解決不能な矛盾を呈示しているとはいえない、と考えられているようです。たとえば、①は宇宙無限膨張説によってその意味を失いますし、②は原子物理学などの成果に照らしあわせれば、十分に解決可能となるでしょう。③については、のちにヘーゲルがうち立てた弁証法の契機を示すにすぎないとも申せましょう。カント自身も③をおよそつぎのように解決しています。すなわち、物体の現象する世界である感性界（わたしたちの日常世界）は因果必然的な法則によって隅々まで支配されているけれども、超感性的な叡智界（物自体界）の人間は、そのような法則には支配されず、したがって自由を得ている、とカントは説いています。こうした二世界説が妥当なのか否かを問いさえしなければ、ここでは、矛盾はいちおう解消されているといえます。問題なのは④です。絶対的存在、すなわち神がいるという「定立」については、カントをはるかにさかのぼる時代に、アンセルムスやトマス・アクィナスなどによって、理性の観点から形式論理学を駆使した証明がなされてきましたが、それらは、既述のごとく、いずれも成功しませんでした。では神はいないのか、ということになってきます。しかし、人間の理性は、その存在を証明できないものについては、その非在を証明することもできないはずです。ほかならぬカント自身が『実践理性批判』のなかで述べているように、神は理性によって証明されるべき存在ではなく、要請されるべき存在のように見うけられます。もっとも、人間がいくら要請したところで、神がそれに応じてくれるとはかぎりません。キリスト教の神や仏教の仏などは、証明されうるはずもなければ、単なる要請の対象でもなく、人間が、みずからの理性をこえた次元に、全霊を賭して信を投じいれたときにあらわれる存在だ、とわたしは思います。神とその存在を理性で説こうとした刹那、理性はずたずたにひきさかれてしまうのではないでしょうか。二律背反の④は、このことをはっきりと示しています。要するに、理性の権能に寄りすがりながら絶対者に触れようというのは、つまるところ無理な試みだと申せましょう。

エレアのゼノンの逆理と、カントの純粋理性の二律背反とを検討してみると、結局のところ、人間の理性には限界があると考えざるをえません。この限界が、本来あきらかにすべきことをあきらかにしえない情況を意味するとすれば、それは、限界の域をこえ、もはや欠陥以外の何ものでもない、というべきでしょう。このような限界ないしは欠陥をかかえこんだ理性を後生大事にし、否、それどころかそこに全幅の信頼を置くことによって展開されてきたものが、西洋の理性主義です。理性主義は、神秘主義を徹底的に排除しようとします。神秘主義が理性の圏外にいで立つものだからです。すべてを理性によってわりきれると考えるひとびとは、理性の領域の外に立つものをどうしても認めることができないということでしょう。しかし、述べてきたように、理性とは、いわゆる理性主義者たちが考えるような、万能の杖ではありません。それは、みずからのうちに限界と欠陥とをかかえこんでいます。このような理性をふりまわすことがいかに危険なことか、それは、現代自然科学の枠ともいうべきＩＴ技術や生命科学の今後の行く末を見つめれば、ただちにわかることではないでしょうか。

仄聞するところによれば、近年の生命科学は、化石に残された遺伝子の断片からもとの生命体を再生させることができるほどの、高度の水準にあるといいます。すでにクローン人間をつくれる段階にまで達した生命科学は、このまま進歩すれば、遺伝子のくみかえ操作によって、人間をこえた人間、いわばニーチェのいう「超人」をつくりだせる域にまで立ちいたるかもしれません。もちろん、そうした試みには、現行の倫理の規制がかかるでしょうから、やりたい放題というわけにはゆかないでしょう。しかし、現今の生命科学は、もしそこに現行の倫理が追いつかないとすれば、優生学的な発想のもとに、社会的に劣悪と見られる生命を排除して、優秀とされる生命のみを生かすことを可能にしうるような域にまでたどりついています。この場合、どのような生命がすぐれていて、どのような生命が劣っているかを判定する基準となるものは、旧来の理性です。旧来の理性に関してすぐれた生命が尊重され、旧来の理性に関して劣った生命が排除されます。生命科学を起動させ主導してゆくものは、二千数百年来の旧態依然たる理性にほかならないのです。したがって、生命の選別というまったく新しい（そして異様な）試みを導く原動力は、使い古された理性ということになります。旧来の理性が欠陥をもつことは、見てきたとおり厳然たる事実であり、その理性に基づいて今後行われるであろう生命科学のさまざまな試みには、当然ながら偏頗《へんぱ》なものがふくまれることでしょう。自分たちが依拠している理性がすでに旧態と化し、陳腐化していることに気づかずに、生命科学者たちが踏み行う、あまりに極端すぎるほどに尖鋭化された営みは、へたをすると、わたしたちに多大な災厄をもたらしかねません。この程度の認識ももつことなしに、最先端の生命科学をほめそやし、過大に評価する昨今の風潮は、わたしには、かなり危険なもののように思われます。

ＩＴ技術は、人工知能（ＡＩ）をうみだしました。それがこのまま進歩をつづけてゆけば、やがて人間の知的な仕事は人工知能の代行するところとなってしまうかもしれません。さらに、人工知能を搭載したひと型ロボットが大量生産されれば、労働者層のひとびともまた仕事を奪われるということにもなりかねません。そうなってしまったとき、人間はいったい何をして生きればよいのでしょうか。人工知能が将棋や囲碁の棋士と勝負して、どちらが勝ったかで、知能の優劣を競いあっている現状は、いわば子どもだましのようなものです。人工知能が為政者の政治的能力をうわまわり、人工知能によって人間が統治されるような政治状況が現出することがおそろしいのです。なぜこわいのかは、もうおわかりでしょう。人工知能は、人間の旧来の理性を写しとりそれを進展させたものにほかならず、その大元《おおもと》にあるのは、ゼノンの逆理もカントの第四アンティノミー（二律背反の④）も解けない、不完全な知性（理性）だからです。このままでは、わたしたちは、内面で古くさい理性にからめとられたまま、同じように外面では古色蒼然たる理性（人工知能）によってがんじがらめにされかねません。在来の理性主義者たちは、自分たちが信じ寄りすがる理性によって、このような危険がもたらせる可能性を、しっかりと受けとめたことがあるのでしょうか。無自覚な理性主義には、神秘主義を拒斥する資格はありません。以下、節をあらためて、さらにいっそう深い視点からこのことを論じてみたいと思います。

3

生命科学やＩＴ技術にはらまれた理性主義、それは、限界と欠陥とをかかえこんだ旧来の理性に依拠するもので、本来の在るべき理性主義とはいえないと思います。ゼノンの逆理もカントの第四アンティノミーも解決しうる理性主義こそが、「本来の理性主義」といえましょう。ですが、人類は、いまだその本来の理性主義には達していません。現今の理性主義は、厳密にいえば、「理性主義的非理性主義」と称するべきものでしょう。理性主義的非理性主義は、旧来の理性によってとらえきれない事象や事態を理性の枠組みをこえて考えようとする思索の在りようを、神秘主義と見て、これを徹底的にしりぞけようとします。しかし、これまで何度か触れてきたように、神秘主義はひとしなみに否定されるべきものではありません。もし、神秘主義が、死後の霊魂の存在を妄信したり、呪術的な未来予想としての世俗的な占いなどに全面的に信を置いたりするものだとすれば、それはけっして現実に対応することのないみだらな妄想として排拒されるべきでしょう。

しかしながら、神秘主義が、旧来の理性の限界と欠陥とをよくよく把握したうえで、理性のおよびえない領域を理性をこえたことばや概念によって解きあかそうとするものであるとすれば、それを拒みかつしりぞけることは、いたずらに人類の知の範囲を限局してしまうことにほかならないというべきです。マイスター・エックハルトのように神と自我との合一を説くひとを見れば、理性主義的非理性主義者たちは、これを虚妄の思惟として、ただちにしりぞけることでしょう。けれども、在来の理性主義は、神が存在するということも、逆に神は非在であるということも、ともに証明不可能としていたはずです。限界と欠陥とを内含《ないがん》した理性による人為的証明が不可能だからといって、神の存在を信じ神との合一を求める思惟を無意味として否定するのは、思考の短絡というものではないでしょうか。旧来の理性の限界と欠陥とが冷静に認識され、もしそうした限界と欠陥とを乗りこえてゆく、あらたな理性主義が切りひらかれるとすれば、そのような理性主義、すなわち、いわば本来の在るべき理性主義は、エックハルトの神人合一思想を単なる神秘主義としてしりぞけようとはしないかもしれません。現段階の理性では神秘としか見えない思索が、あらたにうちたてられる理性にとっては神秘ではなく、むしろ現実への適合の可能な合理と目《もく》されるということも十分におこりうるのではないでしょうか。

既述のごとく、田辺は西田の無の場所の論理を神秘主義として批判しました。田辺の時代の理性がみずからの限界と欠陥とについて自覚的ではなかったことを顧慮するならば、田辺が西田に対してとった態度は、やむをえないものだったといえるかもしれません。しかし、種の論理や死の哲学を展開する以前の田辺は、旧来の理性に固執する、理性主義的非理性主義者にほかならなかった、といわざるをえません。西田は、旧来の理性（ロゴス）に基づくかぎりにおいていかにしてもことば（ロゴス）にできないことがらを、あえて旧来の理性を用いて表現しようとして悪戦苦闘の思索をくりひろげたのでした。

おこがましいことを申すようですが、わたしもそうです。わたしが、日本思想、文化を貫く論理として提示する絶対的自己否定性は、旧来の理性に根ざした言表方法では、どうしても語りつくすことのできない論理なのです。絶対的自己否定性に主語的実体性の内在をみとめ、たとえば、「Aさんが絶対的に自己を否定する」と語るとすれば、わたしの論理は、理性の権能を重んずるひとびと（在来の理性主義者たち）によって、容易に理解されることでしょう。ところが、わたしは、絶対的自己否定性は、いっさいの主語実体をともなわない純粋能作《のうさ》（はたらきそのもの）としてこの宇宙のなかを漂っている、と主張しました。絶対的自己否定性という妙用《みょうゆう》には顕現する具体的場所などない、ということです。これはもはや、理性主義的非理性主義者から見れば、神秘主義以外の何ものでもないでしょう。しかし、旧来の理性の限界と欠陥とを認識し、理性をあらたな局面に定位させようと企図する本来の理性主義者は、はたしてわたしの論理をいかに見るでしょうか。理性主義的非理性主義者にあふれた現実の思想状況のなかで、このような想像をしてみたところであまり意味はないのかもしれません。けれども、わたしはこの想像のうちに、一縷《いちる》の望みを託しています。ともあれ、西田やわたしのように、旧来の理性では説明できないことがらを思索する、いわゆる「神秘主義者」にとって、理性主義的非理性主義者たちからの論難は、さして大きな痛手とはなりません。西田やわたし、否、すくなくともわたしが正面から対処しなければならないのは、むしろ、かならずしも旧来の理性には重きを置かない、感覚的事実を重視する現実主義者からの批判です。

自己否定という語を耳にするとき、現実主義者たちは、まるで敵前でみずから武装を解除するような愚劣きわまりないふるまいだ、と嘲笑することでしょう。諍いと憎悪に満ちた現実のなかで、自分ひとりが自己を否定することなど、とうてい不可能なことだというわけです。政治や経済の世界での自己否定が、自己を不利な状況に置き、自損ともいうべき被害につながるということは十分におこりうることであって、現実主義者たちのいい分は、いたって妥当なもののように見うけられます。互いの生存を賭した争闘のさなかでの自己解体ほどに愚かしいことはないでしょう。わたしも、自分の政治的・経済的生命を直接左右する争いの際に、自己を否定し解体せよ、などと叫んでいるわけではありません。

そもそも、プラトンの問答法やヘーゲルの弁証法について、あるいは、西田の無の場所や田辺の死の哲学などに関して思索をめぐらしているわたしと、日常の生活者としてのわたしとは、完全に重なりあっているわけではありません。思索に没頭しているときのわたしは、名誉やお金をまったく考慮していません。けれども、日常の政治的かつ経済的な主体として生きる際、わたしは、名誉やお金のことを気づかい、自分の利害をあれこれと計算しています。日常で自己を否定したり解体したりなどすれば、わたしは、生活者としての生存の基盤を失ってしまうことでしょう。聖人君子ではない、いっかいの凡夫《ぼんぷ》としてのわたしに、そのようなふるまいができるはずもありません。このことを重々承知のうえで、わたしは絶対的自己否定ということを主張しています。それは、たとえ政治や経済の争いに敗れるとしても、わたしたちには、守らなければならないもっと大切なものがある、と考えるからです。

絶対的自己否定とは、いうまでもないことですが、自己を完全に無に帰せしめることを意味しています。それは、真の意味で、無我に徹することだといってもよいでしょう。無我とは「我《が》」にまつわるいっさいの言・行を廃棄し、果ては「我《われ》」そのものを消してしまうことです。ですから、現実主義者にしてみれば、これほど弱い立場はないということになるのかもしれません。しかしながら、その最弱ともいうべき立場に立つことによって、わたしたちは人間にとってもっとも大事なもののなかに生きることができるようになります。もっとも大事なものとは愛（慈悲）です。わたしたちは、己れを否定し解体して無となすことをとおして、真に愛を実践することができます。無、あるいは無一物となることによって、その「無」のなかにすべてを受けいれられるようになるのです。すべてを受容しうること、それこそが愛にほかならないことは、説明するまでもないでしょう。

大正末から昭和の中期にかけて活躍した、大阪の念仏求道者蜂屋賢喜代は、あえて無一物であろうとする志向性を、蓮如のことばを借りて、「仏物《ぶつもつ》主義」と名づけました。これは、あらゆる物が自己の所有物ではなく仏のものだと考えることを意味しています。すべてが仏物《ぶつもつ》であるならば、わたしたちには何かを得るために他人と争う必要などないことになります。お金も名誉もすべて仏のものなのだ、それらは、本来無である「我《われ》」のもとにどこからかやって来ていずこへともなく過ぎさってゆく。そのように思えば、所有欲などなくなり、所有をめぐる争いはすっかりおさまってしまうことでしょう。ほんとうは、日常を生きるすべてのひとびとが、仏物主義に徹することが願わしいのです。仏物主義が徹底されるとき、自己などというものをさしおいて、ひたぶるに他者のためにつくそうとする心性、すなわち、愛（慈悲）が万人をおおうことでしょう。それは、わたしたちにとって無上の幸福にちがいありません。したがって、仏物主義は、そしてそれを裏づける絶対的自己否定性の論理は、人間に真実の幸福をもたらす原点にほかならない、と申せましょう。

わたしの以上の言説を、あまったるい歯の浮くような、現実から乖離《かいり》する理想ととらえるひとびとに対して、わたしはもはや語るべきことばをもちません。ただし、理想を、現実性をもたないがゆえに無意味と解するむきには、こう述べておきたいと思います。理想は現実において実現されていないから理想なのだ、すでに現実化され終わった理想は、現実でこそあれ、もはや理想ではないのだ、と。理想を追い求めることは、けっして楽なことではありません。それは、むしろ苦だというべきでしょう。このことは、『実践理性批判』におけるカントの言説を追うことによってあきらかになると思います。

カントは、人間の意志（Wille）が道徳法則と完全に一致することを、真の自由ととらえました。ところが、人間には、道徳法則にしたがうこともあればそれに反することもある恣意《しい》（Willkür）がそなわっています。恣意のはたらきがあるがゆえに、人間の意志はつねに道徳法則と合致しているとはかぎりません。カントはいいます。感性界の理性者にすぎない人間は、その合致を実現することができない、と。しかし、カントは自由の実現をあきらめたわけではありませんでした。彼は、意志と道徳法則との完全なる合致（自由）は、「合致へと無限に進んでゆく進行」において可能になるかもしれない、と語ります。つまり、人間が意志と道徳法則とを合致させるべく無限の努力をはらう、そのさなかに自由がかいま見えてくるはずだ、というのです。ただし、そのような無限の努力が可能になるには、人間の魂がどこまでも果てしれず存続すること、すなわち魂の不死が不可欠だと考えざるをえません。したがって、カントは、真の自由を実現するために、「要請」（Postulat）としての魂の不死を立て、さらにそれを成り立たせる原拠として神の存在を求めることになります。このことは、カントにとって真の自由が実現の容易ではない「課題」であったことを意味しています。課題とは、すなわち理想です。カントにとってその理想は、無限の努力によっても実現しえない可能性のあるものでした。ですが、実現できないおそれがあろうとも、わたしたちはあえてその理想をめざしつづけなければならない、とカントはいいます。理想とはこうしたものではないでしょうか。

わたしの説く絶対的自己否定性も、理想の域をこえるものではないのかもしれません。けれども、わたしたちは、この理想の実現をめざして、どこまでも努力を重ねるべきだと思います、その努力は結局のところ実をむすばないおそれもあります。しかし、その努力のさなかに、人間性、すなわちわたしたちの本性が、たとえすこしでも愛の実践にむけて陶冶《とうや》されるならば、それはけっして無駄ではないといえましょう。ところで、絶対的自己否定性という理想は、自己（我《が》）を完全に消しさることを求めるものです。カントの自由論を例証とするわたしの右の言説は、自己（我《が》）の無限の努力を要請するものでした。一方で、「我《われ》」の自力の営みを求めながら、他方で「我《われ》」の消去をくわだてるのは矛盾ではないのかという疑問が生ずるかもしれません。絶対的自己否定性は自力の論理ではない、それはあくまでも他力の論理である。そのように語れば、疑問が生じる余地はなさそうに思えます。けれども、まるでギリシア悲劇に登場する機械仕掛けの神のように、ここで唐突に浄土門の他力思想をもちだすことは、たとえそれが私個人の信仰（宗教心）に適合するにしても、やはり無責任とのそしりをまぬかれないように思われます。わたしは、この書では、一貫して「論理」の問題を追ってきました。当面の疑問も、宗教的観点からではなしに、あくまでも論理の観点から解かれるべきでしょう。論理について語る文脈が宗教への信憑を言明する文脈と交差するとしても、それが奇怪このうえもないこととはいえないようにも思えます。論理上の難問が、宗教的思惟によって解決の糸口を見いだす可能性も、あながち否定することはできないからです。けれども、いまここで、いきなり浄土門の他力思想をもちだすことは、やはり不自然との印象をまぬかれないでしょう。わたしの論理は、右の疑問に対して、どのような形で応答することができるのか。最後にその点を考えることをもって、この書のとじめとしたいと思います。

4

わたしは、多年にわたって、大学の学生・院生たちや、浄土真宗（真宗）の門徒のかたがたに、親鸞の思想について語ってきました。親鸞の生涯を跡づけ、彼の浄土観や信心観の概要を語れば、たいていのひとは満足してくださるようです。しかし、その満足は、表層的な理解に基づくことがほとんどで、多くのかたが、実は、親鸞思想の入り口ですでにつまずいてしまっているようです。入り口とは、いっさいは他力であり自力は無効であるという考えかたです。この考えかたを実感として肌で受けとめないかぎり、親鸞思想の大枠を理解したことにはなりません。親鸞は、わたしたち人間の営みはすべてが他力に根ざすもので、弥陀への信心をもつことすらも例外ではない、と語ります。わたしたちは、自己のほとんどすべての行為や思念に限界があること、そしてその限界を踏みこえるためには、己れを超越する絶対的な何か、たとえば弥陀の本願力《ほんがんりき》に頼らざるをえないことを理解しています。否、すくなくとも理解しようと試みることができます。ところが、信心までもが他力で、それは弥陀から与えられるものだといわれると、とたんにつまずいてしまうのです。ある年度の学部の演習の際、ひとりの学生がこういいました。「多くのことが他力でなければどうにもならないことはわかりますが、やはり、信じるということは、自分が信じることだとしか思えません」と。年間わずか二十時間にすぎない演習で、他力信心の境位を説明することは至難です。わたしは、これまで、自分の廻心《えしん》体験などを具体例として語ることをとおして、他力信心がどのようなものかを教えようとしてきましたが、結局それはむなしい試みでしかありませんでした。演習の最終日にいたってなお、その学生が釈然としない面《おも》もちでいたことを、つい昨日のことのように想いだします。

なぜ信心が他力であることがわからないのか。それはおそらく、まず主語主体があって、それが客体をとらえるという考えかた、すなわち「主観—客観」構造を、自己の認識の枠組みとしているからです。「主観—客観」構造は、日本人に固有な認識構造ではなく、明治初期以降に西洋から伝来したものです。移入の経緯とその意味するところについては、くりかえしになりますので、ここでは触れません。しかし、「主観―客観」構造が日本の精神的風土に定着することによって、いわゆる「近代的自我」なるものが生まれたことだけは、あらためて指摘しておきたいと思います。「近代的自我」とは、明治初期以降に知識階層のあいだにめばえたもので、当初は都市住民のうちに限定的にきざしたものでしかありませんでした。ところが、アジア・太平洋戦争での敗北と戦後復興、さらには高度経済成長を経て、この国全体の都市化が進展すると、それは、国民のあいだで通有性をもった意識にまで拡充されました。国民だれもが、「近代的自我」意識のもちぬしとなったのです。このことに欧米流の教育が色濃く影をおとしていることについてはすでに詳述していますので、ここでは触れません。近代的自我の主体として育てあげられた、近代以降現在にいたるまでの日本人は、あらゆる意識能作《のうさ》に関して、いつもすでに自我を主体としてとらえるようになりました。何ごとについても、つねに「このわたし」「我《われ》」が起点であり、中心であるという考えかたが広まったのです。「我思う、ゆえに我あり」（cogito ergo sum.）というあの有名な言説は、さながら日本的思惟の伝統でもあったかのように受けとめられ、「我《われ》」を出立点としなければ何も考えられないという認識が、ひとびとの脳裏に深く刻みつけられているのが、近現代の思想情況であるといってても、けっして過言ではないでしょう。何はともあれ、まず考え、行う主体としての「我《われ》」を定立させる。このような思潮のもとで、信心は他力なりという、親鸞思想の核ともいうべき言説に出会うとき、ひとびとは違和感をおぼえ、そこに非論理性ないしは反論理性を見いだしてしまうのでしょう。くだんの学生が、信じるのはやはり自分である、と主張したゆえんです。

しかしながら、日本の伝統思想はもとより、仏教のなかにも、「主観—客観」構造はみとめられませんし、また「近代的自我」も存在しません。それどころか、「諸法無我」を説く仏教においては、「我《が》」なるものの存在が迷妄として、根柢から否定されてしまいます。わたしは、この無我という考えかたに根ざした日本の伝統思想は、絶対的自己否定性に貫かれている、と説きました。わたしのこの見解が、妥当なものだとすれば、自己なるもの、「我《が》」なるものが罪悪深重にして無力なるものであることを自覚し、「我《が》」を徹底して捨てさらないかぎり、他力信心ということは、とうてい理解できないということになります。信じる「わたし」などというものは、実は非在であり無なのだ、にもかかわらず「わたし」が「我《が》」を措定しているならば、その「わたし」を絶対的に否定しなければならない。そのように考えることによってのみ、わたしたちは、信心は他力なりという親鸞の言説を精確にとらえることができるのです。では、すべてを他力と見きる思想、たとえば親鸞思想において、自力はただ否定的《ネガティヴ》な意味を帯びるのみで、まったく無益なものでしかないのでしょうか。もしそうであるとするならば、自力の努力によって絶対的自己否定性を求めるべきであるというわたしの言説は、ほかならぬ絶対的自己否定性の論理そのものを裏ぎっていることになります。自力についてあらためて深く考えてみなければならないゆえんが、ここにあります。

蜂屋賢喜代は、『仏天を仰いで』において、親鸞の他力とは、自力に自力を重ね、それをとことんまでつくした果てに到達する境地だ、と説いています。いまだ恵信尼文書《えしんにもんじょ》が発見されず、それゆえ九歳から二十九歳までの親鸞の叡山での生活実態がよくわからなかった時代の指摘ですから、かなり鋭いものだと申せましょう。恵信尼文書は、一九二三年に西本願寺の宝庫で発見された、親鸞の妻恵信尼の書簡集です。おもに末娘覚信尼《かくしんに》あての手紙が集められており、そのなかに、夫親鸞が叡山の堂僧を務めたという記述があります。これによって、叡山での親鸞の修行生活が生半可なものではなかったことが知られます。というのも、堂僧とは、仲秋十五日を中心に前後十日間程度にわたって不断念仏を行う僧侶のことで、不断念仏とはほとんど眠らずに飲まず食わずで行われる峻烈な勤行《ごんぎょう》だからです。親鸞は、天台教団のなかで、日夜修行を積み重ねていたものと推断されます。その修行が自力のそれであったことは、いうまでもありません。親鸞は、精いっぱい自力をつくしてもどうしてもさとりを得られない自己に絶望して、法然の他力浄土門の教えに帰したものと考えられます。蜂屋賢喜代の指摘するように、親鸞の他力とは、自力の果てにかすかに望見される境地であったことがわかります。法然についても同じことがいえます。十三歳のときに叡山にのぼった法然は、三十年間にわたって天台の修行をつづけ、大蔵経をすべて読みきること実に五度におよんだ、といわれています。山内《さんない》では、「智慧第一等の法然房」と称されていたそうです。にもかかわらずさとりの境地に達しえなかった法然は、四十三歳のとき、善導の『観無量寿経疏』に触発され、念仏の教えにめざめて叡山をくだり、他力念仏を核にすえた新仏教浄土宗を開宗しました。法然の他力もまた、自力に自力を重ねたあげく、そこでの挫折を契機として確立された立場でした。

法然や親鸞の事例を見ると、他力の教えにとって、自力の努力がけっして無意味なものではなかったことが知られます。自力の修行に生きたことのない者、つまり、自分の力で、それも全力をあげて道を求めたことのない、ただ安楽を欲しているたけの放逸無慚の徒には、他力の世界は開かれえないのです。この意味で、自力は他力の大前提にほかならないといえます。わたしたち現代人は、ともすれば、浄土門の教えを、弥陀の願力（他力）で簡単に安楽を手にいれられると説くものと考えがちですが、それは決定的ともいうべき誤りです。他力の背後には奥深い自力の世界がひそんでいるというのが、浄土門の基本認識だったというべきでしょう。このような視点から自力ということを考えるならば、絶対的自己否定性の具体化のためには、当然、自力が不可欠だということになってくるでしょう。自力で絶対的自己否定性に迫るということと、絶対的自己否定性に内含《ないがん》された自己否定、すなわち「我《が》」の否定・排拒ということとは、けっして矛盾するわけではないのです。自我を消しさるためには膨大な自力の熱力《エネルギー》が必要であり、自分の力で己れの「我《が》」を抹消しようという、ほとんど無限に近い努力をはらわないかぎり、わたしたちは、絶対的自己否定性の境地に立つことはできません。なぜそこまでして絶対的自己否定性を求めなければならないのか、という疑問が生ずるかもしれません。「我《われ》」は「我《われ》」のままであってよいのではないか。そう思うひとがいてもおかしくないでしょう。

しかし、現に在る「我《われ》」、在るがままに在る「我《われ》」を絶対的に否定しないかぎり、已れを捨てさることによってすべてを受容する道、端的にいえば、他者への愛（慈悲）を実践する道は、閉ざされたままになってしまいます。自己肯定され、そこに停滞する「我《われ》」は、他者のために、つまりは利他をめがけて、已れを投げだすことができません。自己肯定される「我」は、自己を世界のなかでもっとも大切な存在と考えますから、たとえ他者への愛をいだくことがあっても、それは、他者から美しさや善さを奪うだけの手前勝手な情愛に堕してしまうにちがいありません。愛は、それが真実のものであるならば、已れのすべてを他者に与えつくそうという情動として発現するはずです。そのような愛を実践することこそが、人間の真の喜びであり、それにまさる快《たのし》みはない、とわたしは思います。真に愛を実践し、ほんとうの意味で人間らしい生をおくるためには、自己自身を、すなわち「我《われ》」を完全に無化してしまうことが不可欠なのではないでしょうか。真の愛を踏み行うことをめざすがゆえの自己無化、ほんとうの喜びと幸せを得るための自我放棄。これをわたしは絶対的自己否定性とよぶのです。

大乗仏教では、上求菩提、下化衆生ということ、すなわち自利、利他ということが強調されます。そこでは、一見、自利が利他に先行しているかのように見えます。けれども、わたしたちの営む実際生活においては、利他が自利に先だたなくてはなりません。自利の主語主体となる「我《われ》」を完全に消しさって、ひたぶるに利他に生きること、いいかえれば、己れを度《ど》する前に他者を度《わた》すことこそが、本来の慈悲（愛）というべきであり、その実践の根柢に存するのが絶対的自己否定性です。日本思想は、この絶対的自己否定性の論理を脈々と引き継いできました。わたしたち現代を生きる日本人は、いままさにこのことに思いをいたし、絶対的自己否定性の論理によって構築された思想の伝統を、積極的にうけとめてゆくべきではないでしょうか。伝統は、生《なま》のまま、そのままに承《う》け継がれうるものではないでしょう。生のままの継承は、伝統の固定化につながり、各々の時代の情況への即応性を欠くがゆえに、かならず挫折してしまいます。伝統は、つねに革新と背中あわせになっていなくてはなりません。絶対的自己否定性の論理も、各々の時代の思想情況に適応しうる形に変容されてゆくべきでしょう。その変容の過程で、この論理は、かならずやこれまでになかった、あらたな形をもった思想・哲学を生みだしてくれるに相違ありません。そうした、未来の日本思想・日本哲学への期待を表明することをもって、この小著の結びとすることにいたします。

あとがき

日本人には独自の論理がない。これはよくいわれることです。西田幾多郎や田辺元の全霊を賭した思想的営みも、ついに明晰であらたなる論理を確立するまでにはいたりませんでした。そのため、現代においてなお、日本思想は日本哲学とはなりえず、文化の一端をになうだけの一思潮にとどまっているといっても過言ではありません。わたしの、この小さな書は、こうした思想情況に一石を投ずるというねらいのもとに書かれたものです。結論はいたって簡素なもので、自己を完全に無に帰せしめる絶対的自己否定性の論理こそが日本思想を筋道だてる論理たりうる、という点につきます。はたしてこのような結論をもって、日本思想に論理を与え、それを哲学にまで高めることができたのかどうか、稿を終えるこの段階にいたっても、はっきりと断言することができません。しかし、わたしとしては、これまでの四十余年にわたる研究生活で学んだことのすべてを総合しつつ考えぬいたつもりです。

西田や田辺が全力を賭けていどんだ難題を解こうとすること自体が、不遜このうえもないくわだてだったのかもしれません。けれども、日本思想に論理を与えることによって、それを哲学たらしめようと試みることは、この国に生をうけた哲学・思想研究者に課せられた不可避の責務ではないか、とわたしは思います。もとより、その責務を意識せずに、欧米の哲学・思想の解説に終始するひとびとを論難しようとは思いません。最先端の哲学・思想を後追《あとお》いすることにも意味があります。しかし、後追いにのみこだわっていたのでは、未来をきりひらくことにはつながらないのではないか。そう考えるがゆえに、わたしはこの小著をあえて書きのこしたいと思った、という次第です。この書が、どれほどの意義をもつのか疑問ではあります。けれども、もし一部の後進が何らかの機会にこの書を読み、日本思想・哲学の未来に目をむけてくれるならば、それにまさる幸いはありません。末筆ながら、この書の出版を快くお引き受けくださった木村慎也氏、編集にご尽力いただいた古屋幾子氏に、心より感謝の念を捧げたいと思います。

二〇一九年八月二日

伊藤　益

［著者略歴］

伊藤　益（いとう　すすむ）

1955年　京都市に生まれる
1986年　筑波大学大学院博士課程哲学・思想研究科修了（文学博士）
現　在　筑波大学人文社会系教授

主要著書

『ことばと時間―古代日本人の思想―』（大和書房，1990年-1992年度和辻賞受賞）
『日本人の知―日本的知の特性―』（北樹出版，1995年）
『日本人の愛―悲憐の思想―』（北樹出版，1996年）
『「信」の思想―親鸞とアウグスティヌス―』（北樹出版，1998年）
『日本人の死―日本的死生観への視角―』（北樹出版，1999年）
『旅の思想―日本思想における「存在」の問題―』（北樹出版，2001年）
『親鸞―悪の思想―』（集英社新書，2001年）
『高橋和巳作品論―自己否定の思想―』（北樹出版，2002年）
『歎異抄論究』（北樹出版，2003年）
『愛と死の哲学―田辺元―』（北樹出版，2005年）
『危機の神話か神話の危機か―古代文芸の思想―』（筑波大学出版会，2007年）
『鬱を生きる思想』（北樹出版，2012年）
『自由論―倫理学講義』（北樹出版，2014年）
『私釈親鸞』（北樹出版，2015年）
『私釈法然』（北樹出版，2016年）
『念仏者 蜂屋賢喜代』（北樹出版，2017年）

日本思想の論理

2019年12月20日　初版第1刷発行

著　者　伊　藤　　益
発行者　木　村　慎　也
印刷　中央印刷　　製本　新里製本

発行所　株式会社　北樹出版

http://www.hokuju.jp
〒153-0061　東京都目黒区中目黒1-2-6
TEL：03-3715-1525（代表）　FAX：03-5720-1488

ISBN 978-4-7793-0619-8